Po
Gesang –

HUGO PINKSTERBOER

Pocket-Info

Gesang Die Sing-
stimme

Praktisch, klar und aktuell.
Das ideale Nachschlagewerk für Anfänger und fort-
geschrittene Sänger – mit Mini-Lexikon.

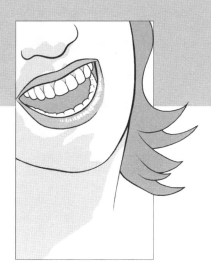

SCHOTT PRO line

Mainz · London · Madrid · New York · Paris · Tokyo · Toronto

Danke

Für ihre Informationen, ihr Fachwissen, ihre Zeit und Hilfe möchten wir folgenden Personen – klassischen und nicht klassischen Sängern und Lehrern, Therapeuten, Wissenschaftlern und anderen Stimmexperten – danken: Dr. Harm K. Schutte (Facharzt für Phoniatrie/ HNO-Facharzt, Stimmforschungslabor Groningen), Ank Reinders (Lehrer, Autor), Deborah Carter, Sherise Alofs-Parker, Maria Rondèl, Davina Cowan, Alfons Verreijt, Rein Bakker, Angela van Rijthoven, Dr. Jaap A. Veldhuizen (HNO-Facharzt), Will Vermeer, Jeroen Manuhutu, Hester Noyon, Judith van Elten, Rita Jansen, Marja Oldenhave, Tanya Saw (Zap Mama), Irene van Tol, Ferry Verhoeven, Eric Rutten (TM Audio/Shure), Dick Lindner (Sennheiser) und Stefan Meid.

SPL 1051
ISMN M-001-13628-0
ISBN 3-7957-5536-0

© 2004 Schott Musik International, Mainz
© 2002 The Tipbook Company bv

Konzept, Formgebung und Illustrationen: Gijs Bierenbroodspot
Cover-Foto: René Vervloet
Redaktion: Harald Wingerter
Übersetzung: Heike Brühl
Satz: Digital-Publishing Katja Peteratzinger, Hünfelden
Druck: Rohr-Druck, Kaiserslautern

Printed in Germany

KURZ GESAGT

Dies ist ein Buch für Anfänger und fortgeschrittene Sänger, die mehr über ihr Instrument – die Singstimme – wissen möchten. Mit diesem Buch lernst du zwar nicht singen, aber es hilft dir, das Beste aus deiner Stimme zu machen, ob du nun klassische Musik, Spirituals, Grunge, Heavy Metal, Jazz, Country, Salsa oder einen anderen Musikstil singst; ganz gleich, ob du alleine singst oder zusammen mit anderen, in einem Chor, zu Hause, in Konzerthallen, Jazzclubs, Kirchen oder sonst wo.

Leicht verständlich

Pocket-Info Gesang – Die Singstimme entstand in Zusammenarbeit mit klassischen und nicht klassischen Sängern, Lehrern, Therapeuten und anderen Experten. Es spiegelt deren profunde Kenntnisse in leicht verständlicher Weise wider. Alle gängigen Fachbegriffe werden erklärt, damit du weitere Literatur zum Thema verstehen kannst.

Von Anfang an

Die ersten drei Kapitel sind hauptsächlich für ungeschulte und unerfahrene Sänger gedacht. Fortgeschrittene können diese Kapitel überspringen und mit einem anderen Kapitel beginnen.

Mini-Lexikon

Im Mini-Lexikon am Ende des Buches werden die meisten Fachbegriffe, auf die du als Sänger stößt, kurz erklärt. Du kannst das Mini-Lexikon auch als Index benutzen.

Hugo Pinksterboer

INHALT

empfindliches Instrument in Topform zu halten. Der zweite Teil befasst sich mit Symptomen und Behandlungsmöglichkeiten.

Für Davina Cowan und Tamara Santing

1. EIN SÄNGER?

Singen gehört auf der ganzen Welt zu den Lieblingsbeschäftigungen der Menschen. Fast jeder kann es; es kostet nichts; man kann in so ziemlich jedem Musikstil singen; man kann Chor- oder Bandmitglied werden, selbst ohne oder ohne richtige Ausbildung; man kann seine eigene Einmannband gründen; und es gibt noch viel mehr ... Ein Kapitel über das Singen und über Sänger, darüber, was am Singen Spaß macht – und was es manchmal auch beängstigend machen kann.

Die Singstimme ist das einzige Instrument, das nichts kostet. Außerdem ist es das einzige Instrument, das man sich nicht aussuchen kann. Aber man kann es verbessern. Man kann seinen Tonumfang vergrößern, man kann am Klang arbeiten, Ausdauer entwickeln, und man kann lernen, Schmerzen und Überanstrengung zu vermeiden – genau wie beim Erlernen eines anderen Musikinstruments. Und fast jeder kann lernen, die Töne zu treffen!

Leicht
Die Singstimme ist ein leicht zugängliches Instrument. Wahrscheinlich kannst du die Musik, die dir gefällt, mitsingen – vielleicht triffst du die Töne nicht immer richtig und singst nicht immer genau im Takt, aber gut genug, um Spaß daran zu haben. Und wenn du ein bisschen Talent hast, kannst du ohne Ausbildung oder Gesangsunterricht in einen Chor eintreten. Mit jedem anderen Instrument musst du viel üben, bevor du die Musik, die dir gefällt, mitspielen kannst – vom Eintritt in eine Band ganz zu schweigen.

KAPITEL 1

Persönlich

Die Singstimme ist das persönlichste Instrument, das es gibt. Instrumentalisten müssen hart arbeiten, um einen persönlichen Sound zu entwickeln. Als Sänger bekommst du ihn einfach so. Andererseits kannst du dir den Klang deiner Stimme nicht aussuchen. Du kannst ihn verbessern und bis zu einem gewissen Grad verändern, aber es ist nicht gesagt, dass deine Stimme perfekt zu deinem Musikstil passt.

Vielseitig

Die Stimme der meisten Leute ist jedoch so beschaffen, dass sie in vielen verschiedenen Musikstilen und Gruppierungen, von einköpfigen Bands (zum Beispiel nur du und deine Gitarre) bis zu hundertköpfigen Chören, singen können.

Ein Publikum unterhalten

Die meisten Menschen können gut genug singen, um selbst Spaß daran zu haben. Nicht jeder kann jedoch gut genug singen, um ein Publikum zu unterhalten. Trotzdem gibt es ziemlich viele nicht klassische Sänger, die Millionen von Euro verdienen, obwohl sie laut den Kritikern nicht so gut singen.

Entspannend und direkt

Viele Leute singen, weil sie es entspannend finden. Da Singen eine gute Atmung erfordert, kann es zum Beispiel ein ähnliche Wirkung wie Yoga haben. Außerdem ist Singen eine sehr direkte Kommunikationsform; es ist der einfachste Weg, um eine musikalische Botschaft zu vermitteln.

Empfindlich

Die Kehrseite ist, dass Sänger es mit einem sehr empfindlichen Instrument zu tun haben. Andere Instrumente können sich nicht erkälten und keine Infektionen bekommen; sie leiden nicht, wenn man Milch trinkt oder viel raucht, und man kann sie stundenlang spielen, ohne dass es negative Auswirkungen hat.

Beängstigend

Außerdem kannst du dich als Sänger nicht hinter deinem Instrument verstecken. Du kannst es nicht auf dein Instrument schieben, wenn du nicht gut bist: Als Sänger *bist* du das Instrument. Das kann bisweilen ziemlich beängstigend sein.

Ganz vorne – oder im Hintergrund

Ganz vorne auf der Bühne zu stehen – und dort stehen Sänger normalerweise nun einmal – kann das Singen sogar noch beängstigender machen. Aber viele Sänger *wollen* schließlich ganz vorne stehen. Sie wollen das bekannteste Gesicht der Band haben. Sie wollen die Hauptrolle in der Oper. Wenn du das nicht willst, kannst du zum Beispiel Background-Vocals singen, Mitglied in einem Chor werden oder einfach nur in den eigenen vier Wänden singen.

Klassisch und nicht klassisch

Es gibt Hunderte von Musikstilen und fast genauso viele Möglichkeiten zu singen. Wie viele andere Bücher zu diesem Thema unterscheidet das Pocket-Info den *klassischen Gesang* (Gregorianischer Choral, Oper, Oratorium, Kunstlied etc.) vom *nicht klassischen Gesang* (Rock, Blues, Pop, Jazz, Gospel, Latin etc.).

Noch mehr Stile

Natürlich gibt es noch mehr Gesangsstile, von der Peking-Oper bis zur indischen „Trommelsprache" *Konakkol*; von Flamenco über Inuit-Gesang bis zu japanischen und afrikanischen Gesangstraditionen – und so weiter.

Sänger und Instrumentalisten

In diesem Buch verwenden wir den Begriff *Sänger* für jeden, der singt – egal ob Amateur, Profi oder irgendwo dazwischen. Das Wort *Instrumentalist* bezeichnet diejenigen, die ein anderes Instrument spielen. Und sowohl Sänger als auch Instrumentalisten sind *Musiker*.

2. SCHNELLDURCHGANG

Die Singstimme hat mehr Ähnlichkeit mit anderen Musikinstrumenten als du vielleicht denkst. In diesem Kapitel geht es um Aufbau und Funktionsweise der menschlichen Stimme.

Bei einer Violine bringst du die Saiten mit einem Bogen zum Schwingen. Wenn du Schlagzeug spielst, bringst du das Schlagfell mit den Stöcken zum Schwingen. Trompeter bringen ihre Lippen mit Luft aus der Lunge zum Schwingen. Diese Schwingungen versetzen die Umgebungsluft in Schwingung, diese wiederum das Trommelfell in unserem Ohr – Luftschwingungen sind Klang.

Stimmlippen

Als Sänger bringst du deine *Stimmlippen* zum Schwingen. Die Stimmlippen sind zwei kleine Muskeln im Kehlkopf, die mit einer Schleimhaut überzogen sind. Sie sind für die Tonerzeugung der Stimme zuständig. Die Öffnung zwischen den beiden Stimmlippen wird als *Stimmritze* (*Glottis*) bezeichnet.

Wie es funktioniert

Um ungefähr zu verstehen, wie das funktioniert, schließt du den Mund. Dann füllst du ihn langsam mit Luft aus der Lunge. Wenn du die Lippen nur leicht geschlossen hältst, werden sie durch den Luftdruck irgendwann auseinander gepresst. Dann entweicht ein kleiner Luftstoß.

Husten

Genau wie du den Mund schließen kannst, indem du die Lippen aufeinander legst, kannst du auch die Stimmritze schließen, indem du die Stimmlippen zusammenbringst. Dazu atmest du ein und tust so, als würdest du gleich husten – aber du hustest nicht. Die geschlossene Stimmritze blockiert den Luftstrom. Wenn du dich konzentrierst, kannst du jetzt vorsichtig einen kleinen Luftstoß zwischen den Stimmlippen entweichen lassen.

Ganz viele Luftstöße

Beim Sprechen oder Singen passiert das fortwährend: Sprechen oder Singen bedeutet, schnelle Luftstöße zwischen den Stimmlippen hindurch entweichen zu lassen.

Die menschliche Stimme

Mit der Atemluft wird unter den geschlossenen Stimmlippen Druck (*subglottischer Druck*) aufgebaut. Übersteigt er die Eigenspannung der Stimmlippen, öffnet sich die Stimmritze und eine bestimmte Luftmenge entweicht, wobei gleichzeitig der Druck geringfügig abfällt, sodass sich die Stimmlippen wieder schließen. Der Druck kann sich erneut aufbauen und der Zyklus beginnt von vorne. Das geht so schnell, dass du keine einzelnen Luftstöße hörst. Was du hörst, ist die menschliche Stimme.

Luftballon

Wenn du die Luft aus einem Luftballon entweichen lässt, indem du die Öffnung zwischen den Fingern dehnst, passiert etwas Ähnliches. Wie die Stimmlippen fungiert auch

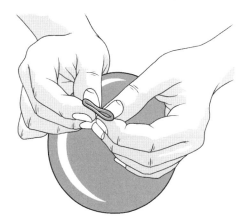

Auf diese Weise fungiert die Öffnung eines Luftballons als Ventil – ähnlich wie die Stimmlippen.

die Öffnung des Ballons als eine Art Ventil. Sie lässt die Luft aus dem Ballon in einer raschen Folge von „Stößen" entweichen, genau wie die Stimmlippen die Luft aus der Lunge entweichen lassen.

Der tiefste Ton

Einer der tiefsten Töne, die eine Männerstimme hervorbringen kann, ist das große C (siehe Klaviertastatur). Bei diesem Ton öffnet und schließt sich die Stimmritze 66-mal pro Sekunde. Mit anderen Worten: Die Stimmbänder schwingen 66-mal pro Sekunde, 66 Luftstöße entweichen. Anders ausgedrückt: Der Ton hat eine Frequenz von *66 Hertz (Hz)*.

Der höchste Ton

Wenn eine Sängerin ihre höchsten Töne singt, schwingen ihre Stimmlippen mehr als 20-mal so schnell – bis zu 1.500-mal pro Sekunde oder noch mehr!

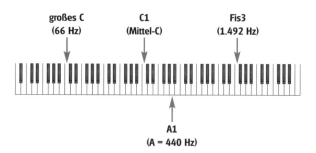

Das große C ist einer der tiefsten Töne der männlichen Stimme. Sängerinnen können bis zum Fis3 singen – einige sogar noch höher.

VIER BESTANDTEILE

Im Grunde setzt sich deine Stimme aus vier Teilen zusammen. Die Stimmlippen sind einer davon. Hier sind die anderen:

Lunge

Die Stimmlippen verwenden denselben „Motor" wie Trompete, Saxophon und andere Blasinstrumente: Luft. Diese Instrumente werden gespielt, indem man Luft hineinbläst, die Schwingungen und somit Klang erzeugt. Du

„spielst" deine Stimme genauso. Im Grunde ist sie ein Blas-instrument!

Ansatzrohr
Rachen, Mundraum, Nasen- und Stirnhöhlen wirken wie der Korpus eines Instruments. Hier erhält deine Stimme ihren charakteristischen Klang bzw. ihr Timbre. Diese *Resonanzräume* bilden zusammen das so genannte *Ansatzrohr* (gelegentlich auch *Resonator* genannt).

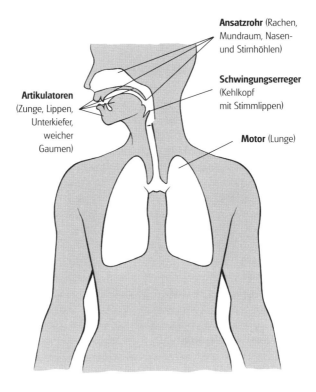

Ansatzrohr (Rachen, Mundraum, Nasen- und Stirnhöhlen)

Schwingungserreger (Kehlkopf mit Stimmlippen)

Artikulatoren (Zunge, Lippen, Unterkiefer, weicher Gaumen)

Motor (Lunge)

Die vier Hauptbestandteile der Stimme.

Kiefer, Lippen, Zunge
Wenn du den Vokal „*A*" singst und anschließend nachein-ander zu „*E*", „*I*", „*O*" und „*U*" wechselst, bemerkst du, dass dies durch eine Veränderung der Unterkiefer-, Lip-pen- und Zungenstellung geschieht. Du veränderst die Form des Ansatzrohrs. Dies wird als *Artikulation* (Lautbil-dung) bezeichnet.

15

Konsonanten

Mit dem Unterkiefer, der Zunge, den Lippen und dem weichen Gaumen (den *Artikulatoren*) kannst du auch Konsonanten (B, C, D, F, G etc.) und viele andere Klänge und Geräusche erzeugen.

Vier Bestandteile

Dies sind also die vier „Hauptbestandteile" deiner Stimme: die Luft aus der Lunge (1) bringt die Stimmlippen (2) zum Schwingen. Der durch die Stimmlippen erzeugte Ton wird im Ansatzrohr (3) verstärkt und durch Einsatz der Artikulatoren (4) geformt.

LAUTER, HÖHER, HELLER

Du kannst laut und leise singen, du kannst hohe und tiefe Töne singen, und du kannst deine Stimme bei Bedarf heller oder dunkler klingen lassen.

Lautstärke

Wenn du lauter singst, schwingen die Stimmlippen auf voller Breite und das Ansatzrohr weitet sich. Du verbrauchst nicht mehr Luft, um lauter zu singen. Wenn das der Fall wäre, könntest du keine lauten, langen Töne singen.

Tonhöhe

Wenn du höhere oder tiefere Töne singst, verändern sich Form und Spannung der Stimmlippen. Bei tiefen Tönen sind die Stimmlippen relativ dick und schlaff. Je höher der Ton, den du singst, desto dünner und straffer werden sie. Wenn du deinen höchsten Ton singst, sind die Stimmlippen vollständig gespannt.

Luftballon

Was beim Singen höherer Töne mit den Stimmlippen passiert, ähnelt dem Beispiel mit dem Luftballon. Je mehr du die Öffnung dehnst, desto höher wird der Ton.

Kein Ansatzrohr

Ein Luftballon hat kein Ansatzrohr. Daher ist der erzeugte Klang sehr dünn. Es fehlt ihm an Volumen, Charakter und Musikalität. Wenn du die Stimmlippen herausnehmen würdest, würden sie einen ähnlich dünnen Klang erzeugen.

Mit und ohne

Ein Trompeter oder Saxophonist kann die Wirkung des Ansatzrohrs ganz leicht demonstrieren. Bitte einen Musiker, nur mit dem Mundstück zu spielen. Alles, was du hörst, ist ein dünner, flacher Klang. Jetzt bitte ihn, das Instrument (den Resonanzkörper) mit dem Mundstück zu verbinden. Erst dadurch entsteht ein voller, charakteristischer Klang.

Timbre

Du verwendest die Artikulatoren, um Vokale, Konsonanten und andere Klänge zu bilden, aber auch, um dein Timbre zu beeinflussen. Du kannst deine Stimme hell, gedämpft, nasal oder offen klingen lassen, indem du zum Beispiel einfach nur die Lippen- und Zungenstellung veränderst.

MEHR

Die Stimme ist viel komplizierter als sie bisher dargestellt wurde. Auch wenn du die folgenden Infos vielleicht nicht brauchst, um zu singen, können sie beim Lesen der anderen Kapitel hilfreich sein.

Kein Anatomiebuch

Dieses Buch enthält keine allzu ausführlichen Informationen über die zahlreichen Muskeln, Nerven und anderen Körperteile, die an der Stimmerzeugung beteiligt sind. Wenn du mehr über diese Dinge wissen willst, kannst du sie in der entsprechenden Fachliteratur nachlesen (siehe Seite 161).

STIMMLIPPEN UND KEHLKOPF

Die Stimmlippen werden oft auch als *Stimmbänder* bezeichnet. Stimmlippen ist jedoch der anschaulichere Begriff, da sie eher wie Lippen aussehen und sich auch so bewegen.

Muskeln und Schleimhaut

Vereinfacht ausgedrückt, bestehen die Stimmlippen aus Muskelgewebe, das mit einer Schleimhaut überzogen ist – dieselbe Art Schleimhaut, die auch die Innenseite der Wangen bedeckt.

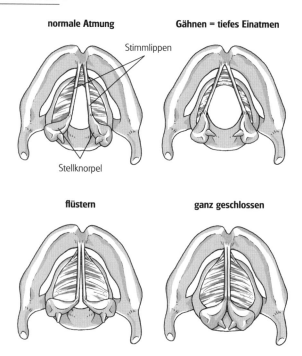

normale Atmung — Gähnen = tiefes Einatmen

Stimmlippen

Stellknorpel

flüstern — ganz geschlossen

Stimmlippen und Stimmritze in verschiedenen Stellungen.

Kurz und blass

Die Stimmlippen sind sehr kurz – etwa 1,2 bis 2,5 cm. Bei guter Gesundheit sind sie blass-weiß. Ohne einen speziellen Spiegel kannst du das jedoch nicht überprüfen.

Geöffnet und geschlossen

Zum Atmen muss die Stimmritze weit geöffnet sein. Beim Flüstern ist sie fast geschlossen. Zum Sprechen und Singen werden die Stimmlippen zusammengeführt (*Adduktion*). Um verschiedene Tonhöhen hervorzubringen, muss sich ihre Form und Spannung verändern können – von dick, schlaff und kurz zu dünn, gespannt und lang.

Drehen und gleiten

Die Stimmlippen können diese und viele andere Bewegungen ausführen, da sie mit zwei kleinen Knorpeln, den so genannten *Stellknorpeln* verbunden sind, die hin- und hergleiten und sich in verschiedene Richtungen drehen können.

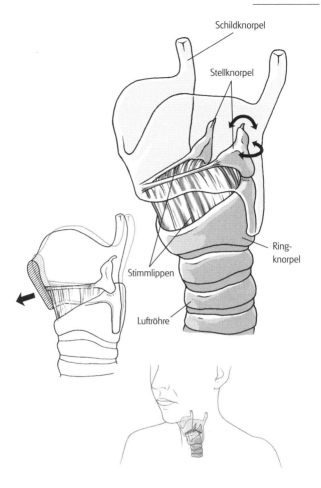

Der Ringknorpel bildet den oberen Abschluss der Luftröhre. Der Schildknorpel und die Stellknorpel sind beweglich, sodass sie Stellung und
Spannung der Stimmlippen verändern können.
Seitenansicht: Der Schildknorpel kann nach vorn kippen und die Stimmlippen dehnen.

Kehlkopf (Larynx)

Die Stellknorpel sind Teil des Kehlkopfes, in dem sich
die Stimmlippen befinden. Der Kehlkopf ist das – beim
Mann von außen sichtbare – Gebilde am Hals, das sich
beim Schlucken auf und ab bewegt. Der Kehlkopf einer
Frau oder eines Kindes ist nicht so deutlich zu sehen –
man kann seine Bewegungen jedoch fühlen, indem man
die Hand leicht an den Hals legt.

19

Von hinten nach vorne

Im Kehlkopfinneren verlaufen die Stimmlippen von den Stellknorpeln an der Rückseite zur Innenseite des *Schildknorpels*, der sich an der Vorderseite befindet. Männer haben einen mehr oder weniger ausgeprägten Schildknorpel. Dieser ist als so genannter *Adamsapfel* sichtbar.

Kippen

Der Schildknorpel ist so mit dem Ringknorpel verbunden, dass er ein wenig kippen und gleiten kann. Wenn der Schildknorpel nach vorn kippt, erhöht er die Spannung der Stimmlippen, die mit ihm verbunden sind. Dadurch können höhere Töne erzeugt werden. Im folgenden Abschnitt wird kurz erläutert, wie das funktioniert.

REGISTER UND BRUCH

Wenn ungeschulte Sänger von tief nach hoch oder umgekehrt singen, „bricht" ihre Stimme normalerweise an einer Stelle. Dort verändert sich das Timbre. Im tieferen Bereich ist es voll und dunkel, im höheren Bereich dagegen relativ dünn.

Tief nach hoch

Wenn man ein *Glissando* (einen gleitenden Ton) von tief nach hoch singt, kippt der Schildknorpel beim *Bruch* nach vorne. Dadurch werden die Stimmlippen gedehnt und können somit höhere Töne erzeugen.

Hoch nach tief

Wenn man ein Glissando von hoch nach tief singt, kippt der Schildknorpel an einem bestimmten Punkt nach hinten. Dadurch wird die Spannung der Stimmlippen verringert und sie können tiefere Töne erzeugen.

Verschiedene Schwingungen

Unterhalb des Bruchs schwingen die gesamten Stimmlippen: Sowohl das Muskelgewebe als auch die Schleimhäute sind beteiligt. Oberhalb des Bruchs schwingen hauptsächlich die Ränder der Stimmlippen. Das ergibt ein ganz anderes Timbre.

Register

Diese unterschiedlichen Schwingungsarten werden als *Register* bezeichnet. Fachleute – von Sängern bis zu Wissenschaftlern – sind sich oft nicht einig, wie viele Register es gibt; und über deren Bezeichnungen können sie sich noch weniger einigen.

Bruststimme oder Brustregister

Die tiefe Lage der Singstimme wird als Bruststimme oder Brustregister bezeichnet. Der Name „Brustregister" bezieht sich auf die Vibrationen, die man beim Singen tiefer Töne im Brustkorb spürt.

Kopfregister

Die hohe Lage der Singstimme wird als *Kopfstimme* oder *Kopfregister* bezeichnet, weil man die Vibrationen der hohen Töne manchmal im Kopf spüren kann und weil die Stimme aus dem Kopf zu kommen scheint. Bei der reinen Kopfstimme schwingen nur die Ränder der Stimmlippen.

Falsett

Häufig wird die Kopfstimme als *Falsettregister* bezeichnet. Manchmal wird auch das hohe Register der weiblichen Stimme als Kopfstimme und das der männlichen Stimme als Falsett bezeichnet. In Kapitel 5 erfährst du mehr über die Register und ihre Bezeichnungen.

Den Bruch loswerden

In einigen Musikstilen nutzen Sänger absichtlich den „Bruch" zwischen den Registern. Ein gutes Beispiel dafür ist das Jodeln, das auf schnellen Sprüngen zwischen den Registern basiert. In den meisten anderen Stilrichtungen ist ein hörbarer Bruch jedoch unerwünscht. Mehr Infos dazu findest du in Kapitel 5.

Passaggio

Ein anderer Begriff für den „Bruch" ist *Passaggio*. Das ist der Punkt, an dem die Stimme von einem Register zum anderen wechselt. Der Begriff *Registerübergang* wird ebenfalls verwendet.

Männer und Frauen

Sowohl bei Männern als auch bei Frauen befindet sich das Passaggio – relativ zum jeweiligen Stimmumfang gesehen – im selben Bereich, nämlich etwa zwischen C und F. Sowohl Männer als auch Frauen sprechen in einer Tonhöhe unterhalb dieser Lage, also im Bereich des Brustregisters.

Singen

Nicht klassische Sänger und Sängerinnen singen meist auch im Brustregister – egal, in welchem Musikstil. Bei klassischen Stimmen ist das anders. Sie benutzen alle Register und mischen sie miteinander.

ATMUNG

Gesang wird manchmal als *gehaltene Sprache* bezeichnet. Beim Singen werden Vokale, Wörter oder Klänge länger ausgehalten als beim Sprechen. Viele angehende Sänger müssen lernen, ihre Stimme durch richtiges Atmen zu unterstützen und nicht beim ersten langen Ton schlapp zu machen.

Einatmen

Wenn gute Sänger einatmen, weiten sich Bauch, Flanken und Rücken. Dazu wird das *Zwerchfell*, der große, kuppelförmige Muskel, der den Brustraum vom Bauchraum trennt, abgeflacht. Der Brustraum vergrößert sich und Luft strömt in die Lunge.

Ausatmen

Wenn du das Zwerchfell wieder „hochschnellen" lässt, hast du sofort keine Luft mehr. Um einen Ton zu halten, müssen das Zwerchfell beim Ausatmen abgeflacht, Bauch, Flanken und Rücken geweitet bleiben, während die Stimmlippen mit Hilfe des Atemstroms in Bewegung versetzt werden.

Atemstütze

Durch das Tiefhalten des Zwerchfells (also durch Weithalten von Bauch, Rücken und Flanken), stützt du im wahrsten Sinne des Wortes den Atem – daher wird diese Technik als *Atemstütze* (ital. *Appoggio*) bezeichnet. Sänger müssen oft lernen, die Atemstütze bewusst einzusetzen, obwohl

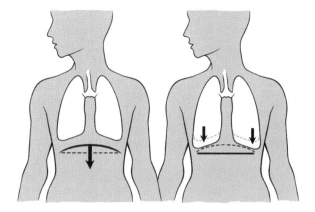

Wenn das Zwerchfell abgeflacht wird, weiten sich Bauch, Rücken und Flanken, und Luft strömt in die Lunge.

sie zum Beispiel beim Husten immer automatisch benutzt wird.

STIMMGATTUNGEN

Männerstimmen klingen tiefer als Frauenstimmen. Männer sprechen normalerweise auch tiefer als Frauen. Der Unterschied beim Sprechen beträgt ungefähr eine *Oktave*: acht weiße Tasten auf der Klaviertastatur.

Tiefer, dunkler

Einige Männer haben eine tiefere, dunklere Stimme als andere; ebenso verhält es sich bei Frauen. Man teilt diese unterschiedlichen Stimmen in so genannte *Stimmgattungen* ein (auch *Stimmlagen* genannt).

Männliche Stimmgattungen

Ein Sänger mit einer sehr tiefen, dunklen Stimme wird als *Bass* bezeichnet. Ein Mann mit einer hohen und relativ hellen Stimme ist ein *Tenor*. Dazwischen befindet sich der *Bariton*.

Weibliche Stimmgattungen

Die *Alt*-Partien in Opern oder Chören werden von Frauen mit einer warmen, tiefen Stimme gesungen. Der *Sopran* singt am höchsten und hat ein relativ helles Timbre. Dazwischen gibt es den *Mezzosopran*.

Auch für nicht klassische Sänger?

Diese Einteilung wird hauptsächlich im Bereich des klassischen Gesangs und der Chöre verwendet. Doch auch nicht klassische Sänger können profitieren, wenn sie ihre Stimmgattung kennen: Sie können dann ihren Tonumfang und ihr Timbre besser einschätzen.

Zwei bis drei

Die meisten Sänger haben einen Ton- bzw. Stimmumfang (Abstand zwischen tiefstem und höchstem Ton) von ca. zwei bis drei Oktaven. In der Abbildung unten sind die typischen Umfänge der oben genannten Stimmgattungen angegeben.

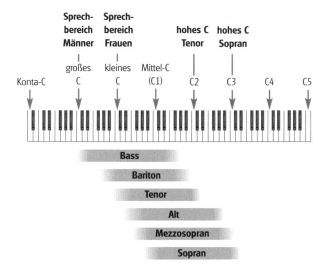

Stimmumfänge der sechs wichtigsten Stimmgattungen.

3. SINGEN LERNEN

Fast jeder kann singen – warum also Gesangsunterricht nehmen? Macht es Sinn, Notenlesen zu lernen? In diesem Kapitel werden solche Fragen beantwortet und Themen wie die Suche nach einem guten Lehrer, Üben und Übungshilfen besprochen.

Genügend

Viele Sänger singen jahrelang, ohne jemals das Gefühl zu haben, dass sie einen Lehrer brauchen. Trotzdem gibt es genügend Gründe, warum Gesangsunterricht nützlich sein kann.

Offensichtlich

Manchmal ist die Notwendigkeit für Gesangsstunden offensichtlich: Du bist beim Singen schon nach ein paar Minuten außer Atem. Oder du weißt, dass du die Töne oft nicht triffst. Oder es gibt einen furchtbaren Bruch beim Übergang von einem Register zum anderen. Oder du kannst nicht so hoch singen, wie du möchtest … Ein Lehrer kann dir bei der Lösung dieser Probleme helfen.

Zu spät

Viele Sänger gehen erst dann zu einem Lehrer, wenn etwas schief läuft – wenn sie beim Singen oder sogar beim Schlucken Schmerzen haben, wenn sie immer wieder die Stimme verlieren, wenn ihre Ausdauer nachlässt und so weiter. Ein Lehrer kann bei einigen dieser Probleme zwar Abhilfe schaffen, doch ist oft auch ärztliche Hilfe nötig. Guter Gesangsunterricht kann zur Vorbeugung solcher Probleme beitragen.

Gleich bleibende Qualität

Popsänger wenden sich oft an einen Lehrer, wenn sie einen Vertrag bei einer großen Plattenfirma unterschrieben haben: Ihr neu erworbener Ruhm verlangt eine gleich bleibende Qualität – trotz unregelmäßiger Schlafzeiten, ausgedehnter Konzerttourneen, trotz übermäßigen Redens bei Interviews etc.

Nie

Andererseits zögern nicht klassische Sänger oft, ob sie Gesangsunterricht nehmen sollen, weil sie befürchten, er könnte ihren charakteristischen (rauen, markanten, unverfälschten, lasziven, „nicht klassischen") Sound oder ihre Ausdrucksfähigkeit verderben. Das muss jedoch nicht so sein. Guter Unterricht kann dazu beitragen, deinen persönlichen Sound *und* deine Stimme zu erhalten, das Singen weniger schmerzhaft zu machen und mögliche Schäden zu vermeiden.

Grunge

Stimmt: Es gibt eine Menge Lehrer, die mit der Art und Weise, wie Grunge-, Punk- und viele andere Sänger mit ihrer Stimme umgehen, überhaupt nicht einverstanden sind. Andere hingegen haben kein Problem damit: Sie werden dir helfen, solche rauen Töne so schonend wie möglich zu erzeugen. Und wenn sie der Meinung sind, deine Stimme sei für einen solchen Gesangsstil nicht geeignet, sagen sie dir das auch.

Zuerst schlechter

Wenn du schon lange singst, kann deine Stimme erst einmal versagen, wenn du Unterricht nimmst. Wieso? Weil ungeschulte Sänger oft Kraft und Druck aufwenden, um einen Mangel an Technik auszugleichen. Wenn du diesen Druck wegnimmst, kann sich das anfühlen, als würdest du deiner Stimme die Basis entziehen – aber vielleicht musst du das tun, um eine neue, gesündere und wirkungsvolle Gesangstechnik zu entwickeln.

Das einzige Instrument

Als Sänger wirst du immer nur das eine Instrument haben, mit dem du geboren wurdest. Du kannst seinen Klang nur verbessern, indem du lernst, es richtig zu beherrschen. Und du kannst es nur dann lange erhalten, wenn du so gut und schonend wie möglich damit umgehst. Dabei kann dir Gesangsunterricht helfen.

Die Stimme eines anderen

Viele Rockgitarristen kaufen sich vorzugsweise dieselbe Gitarre wie ihr Idol – so wie viele Rocksänger oft versuchen, wie *ihre* Helden zu klingen. Wenn dies nicht zu deiner Stimme passt, kannst du ihr damit Schaden zufügen. Mit Hilfe von Gesangsunterricht findest du heraus, was du mit deinem Instrument machen kannst und was nicht.

Stimmumfang

Mit Hilfe von Gesangsunterricht kannst du deinen Stimmumfang erweitern und sicherstellen, dass du deine Grenztöne bei Bedarf auch erreichst.

Lautstärke

Mit Hilfe von Gesangsunterricht kannst du ohne Überanstrengung und Schmerzen lauter, aber auch ganz leise und trotzdem sauber singen. Mit anderen Worten: Gesangsstunden können deinen *dynamischen Umfang* erweitern.

Artikulation

Wenn du möchtest, dass das Publikum versteht, wovon du singst, musst du gut artikulieren können. Gute Lehrer helfen dir dabei.

Und alles andere

Und natürlich hilft dir der Unterricht auch bei der Entwicklung von Atemtechnik, Haltung, Ausdauer, musikalischem Vortrag und bei allem anderen, was dich zu einem besseren Sänger machen kann.

Wochen, Monate, Jahre?

Wie lange musst du Unterricht nehmen? Solange du das Gefühl hast, dass deine Stimme noch nicht das leisten kann, was du von ihr erwartest. Einige Leute können ein spezielles Problem innerhalb von zehn Gesangsstunden lösen, andere haben vier Jahre lang Unterricht, bevor sie den richtigen Lehrer finden und bleiben dann zwei weitere Jahre bei diesem Lehrer.

ALTER UND SINGEN

Du kannst in fast jedem Alter singen lernen. Und wenn du gut singst, kann sich deine Stimme viele Jahrzehnte lang halten.

Kinder

Die meisten Kinderstimmen klingen recht ähnlich – hell und hoch. In der Pubertät ändert sich das.

Jungen

Bei Jungen vollzieht sich diese Veränderung wesentlich schneller als bei Mädchen. Meist beginnen Kehlkopf und Stimmlippen im Alter von zwölf oder dreizehn Jahren schnell (und unregelmäßig) zu wachsen. In dieser Zeit können Jungen ihre Stimme nur schwer kontrollieren.

Sprünge

Das Ergebnis dieses plötzlichen und ungleichmäßigen Wachstums ist eine Stimme, die häufig von einem Register zum anderen springt. Dieses unfreiwillige „Kieksen" kann eine ganze Weile anhalten. Der Wechsel von der Jungen- zur Männerstimme dauert normalerweise ein bis zwei Jahre und tritt im Alter zwischen zwölf und fünfzehn auf. Die Männerstimme ist ungefähr eine Oktave tiefer als die Jungenstimme.

Mädchen

Die Veränderung der weiblichen Stimme vollzieht sich wesentlich langsamer. Sie setzt etwa im Alter von zwölf bis sechzehn Jahren ein und kann bis achtzehn oder zwanzig dauern. In dieser Zeit kann das Wachstum von Kehlkopf und Stimmlippen zu einer hauchigen Stimme führen, da die Stimmlippen oft nicht ganz schließen. Einige Sängerinnen behalten diese Sing- und Sprechweise bei, was zu Knötchen (siehe Seite 116) und anderen Beschwerden führen kann.

Wie viel

Die männliche Stimme fällt um etwa eine Oktave; die Frauenstimme ist ungefähr eine Quinte tiefer als die Mädchenstimme: Der Unterschied ist wesentlich geringer und vollzieht sich viel allmählicher.

Weitermachen?

Viele Fachleute sind sich darüber einig, dass Jugendliche auch im Stimmbruch gefahrlos weitersingen können. Allerdings ist eine zusätzliche Betreuung empfehlenswert, vor allem dann, wenn die jungen Sänger oft oder unter anstrengenden Bedingungen singen.

Älter werden

Auch die Erwachsenenstimme verändert sich mit den Jahren. Sie wird dunkler und oft auch ausdrucksvoller und reifer. Später kann die Stimme an Glanz und Strahlkraft verlieren, unter Umständen wird der Tonumfang (vor allem nach oben) kleiner oder tiefer, das Vibrato wird oft größer und langsamer, und manchmal wird es schwieriger, leise oder tragfähig zu singen oder das gefürchtete Passaggio zu überwinden. Ob dies alles ein Problem darstellt, kann vom Musikstil abhängen, den du singst. Viele klassische Sänger müssen ihre Karriere aus diesen Gründen beenden. In welchem Alter das geschieht ist individuell verschieden und hängt von der persönlichen Konstitution ab und davon, wie gut eine Stimme geführt wird. Es gibt durchaus Sänger – männliche und weibliche – die auch im Alter von achtzig Jahren noch auf der Bühne stehen.

WELCHER LEHRER?

Es kann eine Weile dauern, bis du einen guten Lehrer findest. Zuerst musst du dich bei deinem potentiellen Lehrer wohl fühlen, da er sich mit ein paar sehr persönlichen Dingen beschäftigen wird: mit deiner Atmung, deiner Haltung und dem Klang deiner Stimme.

Den ganzen Tag singen

Wie du in diesem Buch sehen wirst, gibt es viele unterschiedliche Ansätze zur Erklärung der Stimmfunktionen. Genauso viele unterschiedliche und oft widersprüchliche Konzepte gibt es darüber, wie man Gesang vermittelt und unterrichtet. Für viele Sänger, sowohl Amateure als auch angehende Profis, sind diejenigen Lehrer am besten, bei denen du das Gefühl hast, dass du den ganzen Tag singen willst.

(Nicht) klassisch

Können nicht klassische Sänger von Unterrichtsstunden eines klassischen Sängers profitieren? Manchmal ja, es gibt Lehrer mit einer klassischen Ausbildung, die Sängern mit großem Erfolg beibringen, in jedem beliebigen Stil zu singen. Aber das heißt nicht, dass eine gute klassische Technik unbedingt die beste Grundlage für einen anderen Musikstil ist.

Mann oder Frau

Einige Lehrer glauben, dass Sänger nach dem Erlernen der Grundlagen einen Lehrer und Sängerinnen eine Lehrerin brauchen. Viele Experten sind allerdings der Meinung, dass gute Lehrer sowohl Männer als auch Frauen und sowohl Anfänger als auch Fortgeschrittene unterrichten können.

Spezialisierte Lehrer

Trotzdem hättest du vielleicht gerne für bestimmte Zwecke einen speziellen Lehrer. Wenn du eine Tenorstimme hast, möchtest du vielleicht zu einem Tenor gehen, wenn du Jazz singen willst, zu einem Jazzsänger. Und für Gospelgesang ist vielleicht ein Gospelsänger die beste Wahl. Die Grundlagen einer guten Technik sind jedoch in allen Stilen sehr ähnlich.

Verschiedene Lehrer

Lehrer unterscheiden sich oft auch in den Schwerpunkten, die sie setzen. Einige legen zum Beispiel großen Wert auf physiologische und technische Aspekte (wo alles beginnt), während sich andere auf den Ton, den Vortrag und die Interpretation konzentrieren (wo alles hinführen sollte). Oft zeichnen sich die besten Lehrer dadurch aus, dass sie eine Fülle von Informationen anbieten und in der Lage sind, verschiedene Ansätze zu verwenden. Metaphern, wenn technische Erklärungen bei dir nicht funktionieren; Physiologie, wenn sie mit Metaphern nicht weiterkommen, etc.

Fragen über Fragen

Hier sind einige Fragen, die du auf der Suche nach einem Lehrer stellen kannst.
• Gibt es eine Probestunde? Das ist eine gute Möglichkeit herauszufinden, wie du mit dem Lehrer zurechtkommst.

- Hat der Lehrer auch dann Interesse an dir als Schüler, wenn du nur zum Spaß singst oder erwartet er, dass du mindestens drei Stunden pro Tag übst?
- Musst du sofort viel Geld für Unterrichtsmaterial ausgeben oder ist das inbegriffen?
- Kannst du den Unterricht aufnehmen, um zu Hause noch einmal zu hören, was gesprochen wurde und wie du geklungen hast?

Auf Lehrersuche

Suchst du einen Lehrer? Einige Musikalienhandlungen haben eine angeschlossene Musikschule oder können dir jemanden empfehlen. Du kannst auch bei Verbänden, wie z. B. beim Deutschen Sängerbund oder beim Verband deutscher Musikschulen (siehe Seite 163) oder bei einem Chorleiter nachfragen. Lies die Kleinanzeigen in Zeitungen, Musikzeitschriften oder am schwarzen Brett eines Supermarkts, oder versuch es mit den *Gelben Seiten* oder im Internet (siehe Seite 162). Du kannst deine Suche nach einem Lehrer auch auf Musikschulen in deiner Nähe ausdehnen. Professionelle Privatlehrer nehmen meist zwischen fünfundzwanzig und fünfundsiebzig Euro pro Stunde. Einige kommen auch zu dir nach Hause, was du unter Umständen extra bezahlen musst.

Gruppen- oder Einzelunterricht

Die meisten Schüler nehmen zwar Einzelunterricht, aber du kannst auch Gruppenunterricht ausprobieren, wenn du die Möglichkeit dazu hast. Privatstunden sind meist teurer, können aber besser auf deine individuellen Bedürfnisse zugeschnitten werden.

Musikschulen

Sicher gibt es in deiner Nähe auch Musikschulen. Diese bieten oft Extras wie Chöre oder Ensembles in verschiedenen Stilrichtungen und auf unterschiedlichem Niveau.

NOTEN LESEN

Viele Sänger können keine Noten lesen – es gibt sogar klassische Sänger – wenn auch wenige – die es nicht können. Macht es Sinn, als Sänger Noten lesen zu lernen?

Nach oben oder unten, kurz oder lang

Wenn du Noten lesen kannst, musst du dich nicht bei jedem Ton, den du singst, auf dein Gedächtnis verlassen. Selbst wenn du es nicht perfekt kannst, erinnern dich die Noten doch an den Melodieverlauf (nach oben oder unten) und an den Rhythmus (wie lange die Töne gehalten werden).

Eher ein Musiker

Wenn du Noten lesen kannst, ist es leichter, dich mit Musikern zu unterhalten, die es auch können. Du weißt dann, was sie meinen, wenn sie von A-Moll, Transponieren oder Triolen sprechen. Dadurch bist du eher ein Musiker und nicht „nur Sänger".

Notenausgaben

Wenn du Noten lesen kannst, hast du Zugang zu zahllosen Notenausgaben, sodass du ein Stück nicht erst unzählige Male anhören musst, bevor du es singen kannst.

Übungen

Außerdem gibt es Bücher mit speziellen Stimm- oder Gehörbildungsübungen, und viele Bücher zum Thema Gesang enthalten wertvolle Übungen und Beispiele in Noten.

Nicht so schwierig

Notenlesen ist nicht allzu schwierig. Mit dem *Pocket-Info Musiklehre* kannst du es in ein paar Kapiteln lernen. Die Töne zu treffen ist für Sänger jedoch meist etwas schwieriger als für Instrumentalisten. Ein Pianist spielt zum Beispiel nur die entsprechende Taste, wenn in den Noten ein

Twin - kle   twin - kle   lit - tle   star

Oh, when the Saints go mar- chin' in Oh, when the

Notenlesen ist nicht allzu schwierig.

C steht. Und ein Saxophonist weiß, welche Klappen er für die jeweilige Note greifen muss. Als Sänger hast du weder Tasten noch Klappen: Du musst den notierten Ton im Kopf „hören", um ihn korrekt singen zu können.

Ein Homekeyboard

Ein einfaches Homekeyboard, das schon für weniger als einhundert Euro erhältlich ist, kann dabei sehr nützlich sein. So kannst du dir die Melodien, die du singen möchtest, erst einmal vorspielen. Du kannst dieses Instrument für solche Zwecke innerhalb von ein paar Wochen erlernen.

ÜBEN

Regelmäßiges Üben fördert die Entwicklung deiner Stimme und somit die Verbesserung deiner Technik, Kraft, Ausdauer und Intonationssicherheit. Außerdem hilft es, deinen Stimmumfang zu erweitern und zu erhalten.

Wie lange?

Wie lange du üben musst, hängt von deinen Zielen ab. (Angehende) Profis verbringen jeden Tag mehrere Stunden damit. Für weniger ehrgeizige Sänger reicht normalerweise eine halbe Stunde pro Tag, um kontinuierlich Fortschritte zu machen. Da eine halbe Stunde ununterbrochenen Singens für die Stimme zu viel ist, verteilst du deine Übungen am besten auf zwei oder mehrere kürzere Übungseinheiten.

Übungen

Es gibt viele verschiedene Gesangsübungen. Summen dient häufig zum Aufwärmen der Stimme. Vokalisen (Übungen auf einem Vokal oder mehreren Vokalen) ermöglichen es, sich auf verschiedene Aspekte wie Atmung, Tonbildung, Rhythmus etc. zu konzentrieren. *Messa di voce* (Schwelltöne) trägt unter anderem zur Entwicklung der Atemstütze und der Dynamik bei. Das Halten langer Töne verbessert ebenfalls die Atemstütze – genauso wie das Singen mehrerer kurzer Töne auf einen Atem. Und dann gibt es noch Spezialübungen zur Verbesserung der Artikulation, Intonationsübungen, damit du die Töne triffst (du musst lernen zu hören, ob du die richtigen Töne singst!), Atemübungen und so weiter.

Aufwärmen

Das Aufwärmen der Stimme ist ein überaus wichtiger Aspekt des Übens. Wenn du nicht regelmäßig übst, solltest du zumindest so viel Disziplin haben, deine Stimme aufzuwärmen, bevor du irgendetwas singst. Dann fällt dir das Singen leichter, es klingt besser und du trägst zur Vorbeugung von Beschwerden bei.

Klassisch und nicht klassisch

Da die Grundlagen des Singens in den meisten Stilen ähnlich sind, gleichen sich häufig auch die verwendeten Übungen. Für einige Gesangsstile, wie z. B. das Jodeln, wurden Spezialübungen entwickelt, und oft überlegen sich Lehrer auch gezielt Übungen speziell für deine Stimme oder für die Dinge, an denen du gerade arbeitest.

Niemand sonst

Manchmal musst du bei deinen Gesangsübungen Klänge erzeugen, die vielleicht kein anderer hören soll, beispielsweise das „Kauen" von Vokalen oder Glissandoübungen. Wenn du einen Übungsraum hast, in dem dich niemand sonst hören kann, musst du dir auch keine Gedanken machen, wenn du die Töne mal nicht triffst.

Die Nachbarn

Die Singstimme kann leicht lauter klingen als die meisten anderen akustischen Instrumente! Wenn sich deine Nachbarn oder Mitbewohner durch deinen Gesang gestört fühlen, kannst du dich mit ihnen vielleicht auf bestimmte Übezeiten einigen. Als Alternative kannst du einen Raum isolieren (lassen) oder dir einen anderen Übungsraum suchen.

Begleitung

Du kannst ganz alleine singen oder üben – aber oft macht es mehr Spaß, irgendeine Begleitung zu haben.

Übungskassetten

Viele Sänger verwenden Übungskassetten, -CDs oder Ähnliches. Diese bieten verschiedene Übungsprogramme an, die du mit- oder nachsingen, oder zu denen du dir Variationen ausdenken kannst.

Mitsingen

Mitsingen zu normalen CDs oder zum Radio ist eine weitere Möglichkeit, aber du hörst dabei neben deiner eigenen Stimme immer noch die des „echten" Sängers. Als Alternative gibt es Aufnahmen, bei denen der Gesangspart fehlt oder solche mit dem Gesangspart im einen und der Band im anderen Kanal. Um nur zur Band mitzusingen, stellst du einfach den Balanceregler deines Verstärkers entsprechend ein.

Karaoke und „Voice Killer"

Du kannst auch Karaoke-CDs benutzen oder versuchen, die Wiedergabe der Singstimme auf einer CD mit Hilfe eines elektronischen „Voice Killers" oder „Voice Removers" zu unterdrücken. Diese sind als Hardware- (ein kleiner Kasten mit Elektronik) oder Softwareversion (ein Computerprogramm) erhältlich.

MIDI-Files

Tausende von Popsongs sind als so genannte *MIDI-Files* erhältlich. Du kannst diese Dateien mit vielen Homekeyboards oder – mit einer entsprechenden Software – auf Computern mit Soundkarte abspielen. Diese digitalen Orchester bzw. Bands klingen zwar nicht so gut wie echte Musiker, sind aber sehr flexibel (man kann Tempo und Tonhöhe verändern) und sind immer zum Spielen bereit – Tag und Nacht.

Software

Es gibt Software, mit der du deine eigene Band programmieren kannst. Du suchst dir Instrumente, Stil und Tempo aus; dann tippst du die Akkordfolgen ein und drückst auf „Start". Mit dem entsprechenden Equipment kannst du das Ergebnis sogar zusammen mit deinem Gesang aufnehmen. Du kannst den Computer auch zur Gehörbildung benutzen. Es gibt viele verschiedene preiswerte Gehörbildungsprogramme.

Internet

Das Internet hat Sängern viel zu bieten – von MIDI-Files bis hin zu Songtexten in vielen verschiedenen Musikrichtungen. Abgesehen davon findest du diverse informative

Web-Seiten (siehe Seite 162, 163) mit physiologischen Erklärungen, Stimm- und Körperübungen, Kursangeboten, Gehörbildungsaufgaben etc.

Video

Auch Lehrvideos können sehr interessant und informativ sein, sind jedoch – genau wie das Internet – kein Ersatz für einen echten Lehrer. Dieser persönliche Kontakt ist durch nichts zu ersetzen.

Das erste Mal

Nicht allzu viele Leute mögen den Klang ihrer Stimme, wenn sie ihn zum ersten Mal auf einer Aufnahme hören. Warum? Hauptsächlich deshalb, weil sie sich selbst nicht so hören wie andere sie hören. Um einen Eindruck vom tatsächlichen Klang deiner Stimme zu bekommen, kannst du deine Hände hinter den Ohren wölben und den Klang aufnehmen, der aus der Umgebung kommt.

Wölbe die Hand hinter dem Ohr ...

Nimm dich selbst auf

Die beste Möglichkeit zu hören, wie du tatsächlich klingst, ist jedoch, deine Stimme aufzunehmen. Zeichne deine Unterrichtsstunden, deine Übesessions, deinen Chor oder deine Band auf. Selbst ein einfacher Kassettenrekorder mit eingebautem Mikrofon tut zunächst einmal gute Dienste. Bessere Geräte (zum Beispiel ein Minidisc-Recorder mit separatem Mikrofon) sind zwar teurer, aber es lohnt sich, weil die Aufnahmen besser und somit aufschlussreicher sind.

4. GUT SINGEN

Für einen Countrysänger bedeutet gut singen nicht dasselbe wie für einen Opernsänger, einen Blues-Shouter oder einen Musical-Sänger. Und trotzdem sind viele Dinge für fast alle Sänger in fast jeder Stilrichtung und auf jedem Niveau wichtig. Mehr über diese Themen zu wissen kann zu einem besseren Verständnis und zur Erweiterung deiner stimmlichen Möglichkeiten beitragen.

Die Singstimme ist zweifellos das älteste Musikinstrument der Welt. Außerdem ist sie das Instrument, über das man am wenigsten weiß, selbst nach all den Jahren. Warum? Weil sie das komplizierteste Instrument ist, das es gibt. Beim Singen ist ein kompliziertes System aus Muskeln, Nerven, Sehnen, Knorpeln und anderem Gewebe am Werk, das zum Großteil nicht vom Bewusstsein gesteuert wird.

Welche Muskeln
Du kannst einen Gitarrenklang aufhellen, indem du die Saiten nicht mit den Fingerkuppen, sondern mit einem Plektrum anschlägst. Du kannst auch deine Stimme heller klingen lassen, aber du kannst bestimmt nicht genau erklären, welche Muskeln du dafür verwenden musst.

Metaphern
Deshalb verwenden Lehrer oft Metaphern, um dir zu sagen, was sie meinen. Zum Beispiel sollst du die Stimme hinter den Augen platzieren. Oder aus dem Nacken singen, die Stimme gegen den Gaumen hüpfen lassen oder so tun, als würdest du durch ein Loch in der Wand singen … Viele dieser Metaphern haben wenig oder gar nichts mit der tatsächlichen Funktionsweise der Stimme zu tun. Aber so

lange sie dazu beitragen, die erwünschte Wirkung zu erzielen, ohne der Stimme zu schaden, erfüllen sie ihren Zweck.

Offen oder eng

Die Bedeutung des Begriffs „gut singen" hängt nicht zuletzt vom Musikstil ab. Ein Beispiel: In den meisten westlichen Gesangsstilen musst du den Hals „öffnen", um gut zu klingen. In anderen Musikrichtungen hingegen musst du den Hals „verengen", um die gewünschte Wirkung zu erzielen.

Für einige gefährlich

Ebenso werden Techniken, die in einem Stil als extrem gefährlich für die Stimme gelten, in anderen Stilen jahrelang eingesetzt – ohne auch nur ein einziges Problem. Und obwohl die meisten Sänger kurz vor dem Auftritt keine Milch trinken, gibt es andere, die das immer tun.

Wer hat Recht?

All das hilft zu verstehen, warum es so viele widersprüchliche Geschichten und Standpunkte zum Thema Singen gibt. Dieses Buch sagt dir nicht, wer Recht hat oder wie es wirklich funktioniert, da es eigentlich überhaupt niemand ganz genau weiß. Es sagt dir jedoch, was verschiedene Experten über die wichtigsten Themen denken.

Gut singen

Dies alles kann dir dabei helfen, deine Stimme besser zu verstehen und zu beherrschen, damit du singen kannst, was du möchtest und wie du es möchtest, ohne deinem Instrument zu schaden; mit anderen Worten, dass du in deinem Sinne „gut" singen kannst.

Klassisch oder nicht klassisch

In diesem Buch geht es hauptsächlich um klassische und nicht klassische westliche Gesangsstile. Diese zwei Hauptkategorien sind sich in vieler Hinsicht sehr ähnlich, wie du in diesem Kapitel noch sehen wirst, aber dennoch gibt es einige deutliche Unterschiede.
· Klassische Sänger benötigen einen bestimmten **Mindestumfang**, um die Literatur ihres Stimmfaches bewältigen zu können. Viele nicht klassische Sänger machen mit einer Stimme Karriere, die kaum mehr als eine Oktave

umfasst – die meisten Popsongs lassen sich übrigens mit einem so kleinen Stimmumfang leicht singen.

- Die Gesangsweise klassischer Sänger wird oft als unnatürlich empfunden. Das ist falsch. Eine gute klassische Gesangstechnik nutzt lediglich die physiologischen Anlagen des Stimmorgans optimal aus. Sie klingt daher wesentlich größer als eine nicht klassische Stimme.

- Klassische Sänger sollten über ihren gesamten Stimmumfang hinweg ein **einheitliches Timbre** haben. Nicht klassische Sänger betonen häufig ganz bewusst die verschiedenen Klangfarben ihrer Register. Auch sollte in der klassischen Musik der **Bruch** bzw. das **Passaggio** nicht zu hören sein. In manchen nicht klassischen Stilen wird dies hingegen als Effekt eingesetzt (z. B. beim Jodeln).

- Klassische Sänger müssen lernen, ihre Stimme **tragfähig** zu machen, um gehört zu werden. Nicht klassische Sänger benutzen Mikrofone, mit denen sie auch dann noch gehört werden, wenn sie ganz leise singen. Übrigens klangen – als es noch keine Mikrofone gab – nicht klassische Sänger auch nicht wesentlich anders als klassische; es blieb ihnen gar nichts anderes übrig. Heute kann man auch mit einer schwachen Stimme Karriere machen.

- In der nicht klassischen Musik kann man **hauchig**, **heiser**, **rau**, **grob**, **dumpf**, **nasal** oder **gepresst** klingen – und trotzdem Erfolg haben. Als klassischer Sänger nicht. Hier liegen die Maßstäbe für „**gutes Singen**" wesentlich höher.

Vielseitigkeit

Einige Leute haben eine extrem vielseitige Stimme. Sie können lernen, all das zu singen, was sie möchten. Andere sind eingeschränkt. Du hast vielleicht eine Stimme, die für wilden Rock 'n' Roll oder melodischen Pop einfach ungeeignet ist. Wenn du darauf bestehst, trotzdem in diesen Stilen zu singen, schadest du höchstwahrscheinlich deinem Instrument. Ein guter Lehrer kann dir helfen herauszufinden, welche Musikrichtungen am besten zu deiner Stimme passen.

DIESES KAPITEL

Dieses Kapitel enthält weitere Abschnitte über verschiedene stimmphysiologische Aspekte. Zunächst über einige Voraussetzungen für gutes Singen: über Atmung und Atemstütze (Seite 40, 43), Haltung (Seite 45), was du mit dem Hals (nicht) tun solltest (46), über den Mund (47), die Zunge (48) und den Kehlkopf (49). Der Abschnitt über Obertöne (Seite 51) enthält grundlegende Informationen, um die Abschnitte über Timbre und Resonanz (Seite 54) sowie über Formanten und den Singformanten (Seite 62) vollständig verstehen zu können. Es folgen Abschnitte über Lautstärke (Seite 65), Intonation (Seite 67), Artikulation (Seite 73), Ansatz (Seite 77) und Vibrato (Seite 78).

ATMUNG

Die beste Atemtechnik für Sänger ist im Grunde auch die beste Atemtechnik im täglichen Leben – es ist die Technik, mit der Neugeborene atmen. Was ist gute Atmung? Sollst du durch die Nase, den Mund oder durch beides atmen, und wie kannst du verhindern, dass du außer Atem gerätst oder geräuschvoll atmest?

Leg die Hände an die Taille, Daumen auf den Rücken, und spür die Ausdehnung von Bauch, Flanken und Rücken.

Große Schüssel

Geübte Sänger atmen mit dem Zwerchfell, wie in Kapitel 2 erläutert. Beim Ausatmen erschlafft dieser Muskel und nimmt die Form einer großen Schüssel an, die auf dem Kopf steht. Beim Einatmen wird das Zwerchfell abgeflacht, der Bauch wölbt sich vor, Flanken und Rücken weiten sich und Luft strömt in die Lunge.

Bauchatmung

Da sich der Bauch ausdehnt, wird diese Atmung als *Bauch-, Tief-* oder *Zwerchfellatmung* (*Abdominal-Atmung*) bezeichnet. Doch nicht nur der Bauch dehnt sich aus, sondern auch Flanken und Rücken. Wenn du die Taille mit beiden Händen hältst und die Daumen auf den Rücken legst, kannst du es deutlich spüren.

BUCH

Eine einfache Möglichkeit, die Bauchatmung zu spüren, ist, sich mit einem großen Buch auf dem Bauch auf den Boden zu legen. Atme tief ein und beobachte, wie sich das Buch langsam hebt und senkt.

Brustkorb

Oft kombinieren Sänger die Bauchatmung mit der so genannten Rippenatmung. Zusammen heißt das *Costo-Abdominal-Atmung*.

Die Schultern

Ungeschulte Sänger – und viele Leute, die nicht singen – atmen häufig sehr flach. Sie benutzen nur den oberen Teil der Lunge und ziehen beim Einatmen die Schultern hoch. Diese flache *Brust-* oder *Hochatmung* liefert nicht genügend Luft, um längere Phrasen zu singen. Außerdem können sich der Kehlkopf und andere Teile der Stimme verspannen – und die Brustatmung kann nicht so exakt gesteuert werden wie die Costo-Abdominal-Atmung.

Wie viel?

Zu viel Luft ist genauso schlecht wie zu wenig. Wenn man zu tief einatmet, entweicht beim Singen höchstwahrscheinlich überschüssige Luft, was der Stimme einen hauchigen Klang verleiht. Oder man muss die überschüssige Luft durch Anspannen am Ausströmen hindern, was der

Gesangsdarbietung auch nicht gut tut. Dann klingt die Stimme wahrscheinlich gepresst. Guter Gesang hat also nichts mit besonders tiefer Atmung, sondern mit richtiger Atmung zu tun.

Unvollständiger Verschluss
Ein hauchiger Ton kann auch auf einen unvollständigen Verschluss der Stimmritze zurückzuführen sein, durch die Luft entweicht. Da häufig versucht wird, dies mit einem übermäßigen Druck auf die Stimme auszugleichen, können Stimmbandknötchen und andere Symptome entstehen (siehe Seite 116).

Hauchiger Ton
Für nicht klassische Sänger ist ein hauchiger Ton an sich nicht schlecht. Bei manchen Sängern ist er ein Markenzeichen, andere setzen ihn gelegentlich ein. Wenn sie es richtig machen, besteht kein Risiko. In jedem Fall aber sollte es kontrolliert geschehen, d. h. es sollte nicht unbeabsichtigt Luft entweichen, nur weil die Stimmlippen nicht richtig schließen. Ein hauchiger Ton kann allerdings auch ein Anzeichen für schon vorhandene Stimmbandknoten sein.

Zu wenig Luft
Wenn dir die Luft zu schnell ausgeht, verbrauchst du beim Singen wahrscheinlich zu viel Luft. In den meisten Fällen ist nicht tiefere, sondern bessere Atmung sowie der Einsatz der Atemstütze die Lösung.

Timing
Dir kann auch die Luft ausgehen, weil dein Timing schlecht ist: Beim Singen musst du dir vorher überlegen, an welchen Stellen du kurz Luft holst und wo du tiefer einatmen kannst. Am besten machst du dir entsprechende Vermerke in die Noten oder in den Text.

Nase oder Mund?
Einige Sänger atmen durch die Nase, andere ausschließlich durch den Mund. Die meisten Sänger machen beides, entweder gleichzeitig oder abwechselnd, je nachdem, was gerade sinnvoll ist. Die meisten Leute tun das auch beim Sprechen.

Der Mund

Durch den Mund kann man schneller atmen, und wenn du schnell Luft holen musst, ist das die einzige lautlose Möglichkeit. Wenn du es richtig machst, wird dabei der Kehlkopf gesenkt und der Hals weitet sich. Es kann jedoch passieren, dass dein Mund trocken wird. Außerdem bietet die Mundatmung keinen Schutz vor Schadstoffen in der Luft.

Die Nase

Die Nasenatmung bietet ein wenig Schutz vor trockener Luft, Rauch und anderen Arten der Luftverschmutzung. Allerdings ist schwierig, geräuschlos durch die Nase einzuatmen, wenn man nicht sehr viel Zeit dafür hat.

Lautloses Atmen

Das Einatmen durch den Mund sollte absolut lautlos sein. Wenn nicht, ist die Stimmritze nicht vollständig geöffnet, und Luft strömt an den Rändern der Stimmlippen entlang. Willst du das überprüfen? Öffne den Mund, atme ein und aus, zuerst hörbar und dann lautlos. Du wechselst von hörbar zu lautlos, indem du die Öffnung der Stimmritze veränderst. Wenn du nicht lautlos atmen kannst, liegt das daran, dass die Stimmlippen nicht weit genug auseinander gehen. Frag einen Lehrer nach speziellen Übungen.

ATEMSTÜTZE

Gute Atmung nützt ohne Atemstütze nichts. Wenn du den Atem nicht stützt, geht dir in null Komma nichts die Luft aus. Außerdem braucht man die Atemstütze für einen schönen Klang, ein ruhiges Vibrato, für dynamische Kontrolle und eine saubere Intonation etc.

Abgeflacht

Wenn du nicht weißt, was Atemstütze ist, kannst du Folgendes probieren: Zuerst atmest du so ein, dass sich Bauch, Flanken und Rücken weiten und sich das Zwerchfell abflacht. Dann versuchst du, den Atem nur dadurch anzuhalten, dass du das Zwerchfell tiefhältst. Das wird als Atemstütze bezeichnet. Achte darauf, dass du den Atem nicht anderweitig blockierst, z.B. indem du die Stimmlippen schließt (als wolltest du „a" sagen), das Gaumensegel senkst (als wolltest du „g" sagen), die Zunge einsetzt (als wolltest du „t" sagen) oder indem du den Mund schließt.

Gürtel

Du kannst dir auch in Bauchhöhe einen Gürtel umlegen. Wenn du mit Hilfe des Zwerchfells einatmest, fühlt sich der Gürtel enger an. Atme jetzt langsam aus – singend oder lautlos – aber lass den Gürtel dabei etwas gespannt. Auch das ist die Atemstütze.

Hinsetzen

Probier die Übung auch einmal im Sitzen (natürlich aufrecht); vielleicht kannst du dann noch deutlicher spüren, was gemeint ist.

Kontrolle

Bei der Atemstütze geht es nicht nur darum, dass dir die Luft nicht ausgeht. Es geht auch um die Steuerung des *subglottischen Drucks* (der Druck, der beim Ausatmen unterhalb der Stimmritze entsteht), damit die Stimmlippen nicht durch ein Herauspressen des Atems überlastet werden.

Verengter Hals

Ohne Atemstütze kann es sein, dass du den Hals verengst, um die Luft am Ausströmen zu hindern, was zu einem gepressten Klang führt. Außerdem spannst du den Hals vielleicht zu sehr an, was zu Beschwerden im Nacken, Unterkiefer und in der Zunge führen kann.

Ton halten

Wenn du einen Ton zwar treffen kannst, beim Aushalten aber Probleme hast, liegt das wahrscheinlich an einer unzureichenden Atemstütze. Ohne richtige Stütze kannst du auch Probleme haben, deinen Stimmumfang zu erweitern und die Ausdauer zu verbessern.

Hauchiger Ton

Ziemlich viele berühmte Popsänger haben keine ausreichende Atemstütze. Wenn sie leise singen, klingen sie oft hauchig, da unkontrolliert Luft entweicht. Nur wenn sie laut singen – und dabei ihren gesamten Luftvorrat verbrauchen – wird der Ton klar und rein.

HALTUNG

Gutes Singen erfordert eine gute Atmung, und beides erfordert eine gute Haltung. Die Stimme benötigt eine Unterstützung durch den ganzen Körper und nicht nur durch die Bereiche, die unmittelbar beteiligt zu sein scheinen.

Ein Experte

Eine gute Haltung bedeutet, aufrecht und entspannt zu stehen, als ob du leicht am Kopf nach oben gezogen würdest. Hals und Oberkörper bilden dabei eine Linie, die Füße stehen leicht auseinander, ein Fuß vielleicht etwas vor dem anderen, und die Knie sind nicht ganz durchgedrückt. Leider garantieren all diese Tipps nicht, dass du es auch wirklich richtig machst. Das kann nur ein Experte (ein guter Gesangs- oder Sprechlehrer oder ein Arzt oder Physiotherapeut) beurteilen.

Natürlich?

Die Haltung, in der du dich am wohlsten fühlst, ist nicht immer die beste. Eine gute Gesangshaltung kann sich zunächst einmal unnatürlich und unbequem anfühlen.

Notenständer

Als Chormitglied musst du meist nach Noten singen. Wenn ja, kannst du vorschlagen, Notenständer zu benutzen. Wenn du die Noten in den Händen hältst, kann es sein, dass du Nacken und Schultern anspannst oder den Kopf nach vorne neigst und dadurch den Hals verengst.

Sitzen

In einigen Chören sitzen die Sänger. Singende Gitarristen und Keyboarder sitzen oft ebenfalls, und singende Schlagzeuger und Pianisten sitzen immer. Wenn du im Sitzen singen musst, solltest du darauf achten, dass das Zwerchfell genauso viel Bewegungsfreiheit hat wie im Stehen. Mit anderen Worten: Du solltest nicht zu niedrig sitzen. Wenn du ein Instrument spielst und ein Mikrofon benutzt, sollte das Mikrofon deine Haltung nicht beeinträchtigen. Ansonsten solltest du dir überlegen, ein Headset zu benutzen (siehe Seite 133).

Bewegen

Selbst wenn du beim Singen tanzt oder dich viel bewegst, ist eine gute Haltung natürlich wichtig. Ein Hauptproblem dabei ist die Atemstütze, und selbst berühmte Sänger singen manchmal furchtbar unsauber, wenn sie gleichzeitig tanzen. Dieses Problem wird oft durch Playback gelöst (nicht nur in Videoclips, sondern auch „live").

Jedoch gibt es auch einige Sänger, die das saubere Treffen der Töne auf einem Hometrainer, beim Joggen oder auf dem Fahrrad üben.

OFFENER HALS

In der nicht klassischen Literatur liest man häufig, dass der Hals offen sein muss. Ein *offener Hals*, der notwendig ist, um einen offenen, unbehinderten Klang zu erzeugen, ist eine Frage völliger Entspannung.

Gähnen oder Beißen

Der Hals wird beim Gähnen automatisch weiter: Der Kehlkopf senkt sich und die Stimmritze öffnet sich. Dasselbe passiert gewöhnlich, wenn du von einem Apfel abbeißt oder wenn du richtig überrascht bist. Auch hier kann dir ein Lehrer weiterhelfen, wenn etwas unklar ist.

Nicht mit Gewalt

Einige Sänger öffnen den Hals mit Gewalt. Der dadurch entstehende Klang wird oft mit dem Singen mit einer heißen Kartoffel im Mund verglichen. Es gibt bekannte Sänger, die diesen Klang als Markenzeichen benutzen, also ist er an sich nicht schlecht – so lange die zusätzliche Spannung nicht zu Schmerzen, Ermüdung und anderen Beschwerden führt, und so lange du keine klassische Musik singst.

Verengter Hals

Auch das Singen mit verengtem Hals muss nicht unbedingt schlecht sein. Viele westliche Popsänger machen mit einem kehligen Timbre Karriere, und *Obertonsänger* in Tuwa, Bulgarien, Vietnam und anderen Ländern verengen den Hals so stark, dass sie ihre Grundtöne beinahe ganz wegdrücken und fast nur der pfeifende Klang der Obertöne zu hören ist (siehe Seite 51).

Grunzen

Beim Grunzen wird der Hals ebenfalls etwas verengt. An dem daraus entstehenden Klang sind die so genannten *falschen Stimmlippen* (auch *Taschenbänder* oder *Taschenfalten* genannt) beteiligt, die direkt über den „echten" Stimmlippen liegen. Sänger verschiedener nicht klassischer Stilrichtungen – von dem verstorbenen Jazzsänger und -trompeter Louis Armstrong bis zu manchen Pop- und Death-Metal-Sängern – benutzen die falschen Stimmlippen.

Schädlich

Viele Experten sind der Auffassung, es sei schädlich für die Stimme, auf diese Art und Weise zu singen. Stimmt das? Wenn du Klassik singst, wahrscheinlich. Es gibt jedoch viele Sänger, die das Gegenteil beweisen, und einige von ihnen singen schon seit Jahrzehnten. Du solltest dich eher fragen, ob es schädlich für *deine* Stimme ist. Ein guter Lehrer kann dir bei der Beantwortung dieser Frage helfen.

DER MUND

Wenn du deine Stimme voll ausnutzen willst, musst du den Mund weiter öffnen als gewöhnlich. Das kann sich zunächst etwas merkwürdig anfühlen. Wenn das so ist, solltest du dir einfach ein paar tolle Sänger beim Singen ansehen. Dann merkst du, dass es überhaupt nicht merkwürdig aussieht.

Nicht mit Gewalt

Auch hier ist Entspannung wieder das Schlüsselwort. Du solltest den Mund nicht mit Gewalt öffnen, sondern den Kiefer einfach locker fallen lassen. Das Singen mit zu weit geöffnetem Mund kann ein genauso großes Problem sein wie das Singen mit einer zu kleinen Mundöffnung. Außerdem entsteht ein anderer Klang, wenn du den Mund vertikal öffnest, als wenn du ihn horizontal öffnest, wie beim Lächeln.

Lächeln

Ein Lächeln hellt den Klang etwas auf. Früher sangen einige Kastraten (siehe Seite 147) mit einem Lächeln, wobei sie die oberen Schneidezähne bedeckt hielten. Heute plädieren manche zeitgenössischen Gesangstheorien für ein leichtes, „inneres" Lächeln, um das Timbre zu verbessern. Probier diesen Effekt aus, indem du den Vokal „E" wie in „Bett" singst. Wenn du breiter lächelst, wird der Klang des Vokals heller. Durch das Lächeln wird der weiche Gaumen angehoben und das Ansatzrohr geweitet.

Schürzen

Klassische Sänger schürzen bei einigen Vokalen oft leicht die Lippen. Dadurch wird die Tragfähigkeit der Stimme verbessert, was sehr wichtig ist, da sie kein Mikrofon benutzen.

Lippen

Auch die Lippenstellung beeinflusst den Klang. Sie gehört mit zu den wichtigsten Elementen der Artikulation. Schon kleine Veränderungen beeinflussen den Klang eines Tons erheblich. Schließlich ist der Übergang von „A" zu „O" hauptsächlich eine Frage der veränderten Lippenstellung. Wenn du die Lippenstellung langsam veränderst, erzeugst du eine ganze Reihe verschiedener Zwischenklänge.

DIE ZUNGE

Was man bei diesem beweglichen Organ tunlichst vermeiden sollte, ist, zu viel darüber nachzudenken. Wenn du dich darauf konzentrierst, was du mit der Zunge machen bzw. nicht machen solltest, führt das oft dazu, dass sie starr wird – und das hilft dir beim Singen überhaupt nicht.

Entspannt

Die Zunge spielt bei der Klangfärbung eine wichtige Rolle: Sie verändert die Form des Mundraums. Du kannst mit Hilfe der Zunge viele verschiedene Vokale (gleite beispielsweise von „A" zu „I"), Konsonanten und andere Klänge bilden. Wenn keine Zungenaktivität erforderlich ist, sollte sie entspannt sein, wobei die Zungenspitze locker an der Innenseite der unteren Schneidezähne liegt.

Zurückziehen der Zunge

Du musst vor allem dann besonders auf die Zunge achten, wenn sie dich beim Singen irgendwie behindert. Einige

Sänger ziehen die Zunge zurück, vor allem beim Singen der tiefsten Töne. Dadurch wird der Klang gedämpft. Andere drücken mit der Zungenwurzel den Kehlkopf nach unten, was du auf keinen Fall tun solltest.

Konvexe, konkave und zitternde Zungen

Auch eine ständige konvexe oder konkave Zungenstellung ist beim Singen nicht hilfreich, genauso wenig wie die – unbewusste – Bildung einer Längsrille. Warum? Weil all das Anspannung bedeutet, und Anspannung behindert beim Singen. Außerdem solltest du das sehr anstrengende *Zungentremolo* vermeiden, bei dem die Zunge zittert, wenn du ein Vibrato singst.

DER KEHLKOPF

Der Kehlkopf (*Larynx*) ist der Ort, an dem der Klang der Stimme entsteht. Im Kehlkopf befinden sich die Stimmlippen sowie die zu ihrer Steuerung benötigten Knorpel und Muskeln. Neben den vielen Bewegungsmöglichkeiten all dieser Teile kann sich der Kehlkopf auch als Ganzes auf und ab bewegen.

Im Detail?

Die meisten Bewegungen innerhalb des Kehlkopfes (Stimmlippen, Ring-, Schild- und Stellknorpel etc.) werden nicht vom Bewusstsein gesteuert. Außerdem sind sie extrem kompliziert. Es gibt viele Bücher, in denen dieser Teil des Stimmapparates im Detail beschrieben wird.

Auf und ab

Wenn Sänger und Lehrer über Kehlkopfkontrolle sprechen, meinen sie meist die Steuerung seiner Höhe. Bei ungeschulten Sängern bewegt sich der Kehlkopf meist automatisch auf und ab. Er hebt sich wahrscheinlich etwas, wenn du anfängst zu singen und geht noch etwas weiter nach oben, wenn du hohe Töne singst. Bei tieferen Tönen bewegt sich der Kehlkopf wieder nach unten. Bei erwachsenen Männern kannst du das leicht sehen: Sieh dir ihren Adamsapfel an. Frauen und Kinder können die Auf- und Abwärtsbewegung ihres Kehlkopfes fühlen, indem sie einfach die Hand leicht an den Hals legen.

Hoch oder tief

Guter Gesang hat viel mit der Steuerung dieser Auf- und Abwärtsbewegung zu tun. Die ideale Kehlkopfstellung ist abhängig vom Musikstil bzw. von der Art und Weise, wie du singst.

Nach unten

Klassische Sänger achten meist darauf, dass der Kehlkopf tief steht – genauer gesagt, etwa in der Mitte des Halses. Dadurch wird das Ansatzrohr vergrößert. Wie eine Gitarre mit einem größeren Resonanzkörper sorgt auch ein größeres Ansatzrohr für ein wärmeres und runderes Timbre. Leicht geschürzte Lippen verbessern diese Tendenz noch. Das Absenken des Kehlkopfes erhöht angeblich auch die Resonanzfähigkeit der Stimme, vor allem, weil es häufig mit dem Anheben des weichen Gaumens kombiniert wird.

Nach oben

Umgekehrt verringert ein hoch sitzender Kehlkopf die Größe des Ansatzrohrs. Wie bei einer Gitarre mit kleinerem Korpus wird der Klang dadurch heller und zentrierter. Viele Pop-, Rock- und Musicalsänger lassen den Kehlkopf nach oben rutschen (anstatt ihn nach oben zu drücken!), wenn sie hohe Töne singen. Um dies ohne unnötige Anstrengung und Muskelanspannung zu bewerkstelligen, ist eventuell die Hilfe eines Lehrers erforderlich.

Pekingoper

Auch die Akteure des japanischen Kabuki-Theaters und der traditionellen Pekingoper mit ihren hellen, beinahe schrillen Stimmen praktizieren das Singen mit erhöhtem Kehlkopf.

Dazwischen

Andere Gesangsmethoden sprechen sich für eine entspannte, stabile, mittlere Kehlkopfstellung, ähnlich wie beim Sprechen, aus.

Decken

Das Absenken des Kehlkopfes und Verändern der Resonanzräume, um Vokale wärmer oder runder klingen zu lassen und um einem hellen Timbre die Schärfe zu nehmen wird im Allgemeinen als *Decken von Tönen* bezeichnet.

Leichterer Übergang

Durch das Decken werden nicht nur die Vokale dunkler gefärbt. Es erleichtert auch den Übergang zwischen den Registern und ermöglicht es, die volle Stimme sehr hoch hinaufzuführen, ohne ins Falsett zu wechseln.

Klassisch oder nicht klassisch

Normalerweise gilt das Decken von Tönen als klassische Technik. Viele nicht klassische Sänger vermeiden sie deshalb, um nur ja nicht „klassisch" zu klingen.

Dennoch wird sie auch in einigen nicht klassischen Gesangstheorien beschrieben.

OBERTÖNE

Warum bringen bestimmte Töne oder Vokale die Wangen, den Schädel, das Brustbein oder eine kleine Stelle am Kinn zum Vibrieren? Wie können Opernsänger ohne Mikrofon ein Orchester übertönen? Warum ist es fast unmöglich, in der höchsten weiblichen Stimmlage den Unterschied zwischen verschiedenen Vokalen zu hören? Um diese und viele andere Fragen geht es in den nächsten Abschnitten. Um sie zu beantworten, musst du etwas über den Zusammenhang von Klang und *Obertönen* wissen.

Luftschwingungen

Einfach ausgedrückt, sind Klänge Luftschwingungen. Je schneller die Luftschwingungen, desto höher der Ton. Ziehe ein Gummiband, bringe es zum Schwingen und höre auf den Klang. Ziehe es jetzt ein bisschen weiter. Wie du siehst, schwingt es schneller, und du hörst einen höheren Ton.

Eine Gitarrensaite

Beim genauen Hinschauen siehst du, dass das Gummiband unterschiedlich schnell schwingt, wenn du die Spannung veränderst. Genau wie auch eine Gitarrensaite. Wenn du auf der Gitarre die tiefe A-Saite anschlägst, schwingt sie 110-mal pro Sekunde (110 Hertz bzw. 110 Hz).

Die 110er-Reihe

Aber das ist noch nicht alles! Zugleich schwingt jede Hälfte der Saite doppelt so schnell (220 Hz). Und jedes Saitendrittel schwingt dreimal so schnell (330 Hz) – und so weiter, bis zu einer Frequenz von 20.000 Hz und höher.

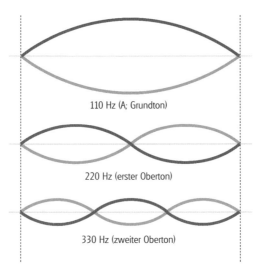

110 Hz (A; Grundton)

220 Hz (erster Oberton)

330 Hz (zweiter Oberton)

Eine Gitarrensaite schwingt mit unterschiedlichen Frequenzen: der Grundton und einige Obertöne.

Obertöne

Diese „zusätzlichen" Frequenzen werden als *Obertöne*, *Teiltöne* oder *Partialtöne* bezeichnet. Jedes Instrument, einschließlich der menschlichen Stimme, erzeugt sie.

Gitarre oder Cello?

Wenn ein Cellist dasselbe A spielt wie der Gitarrist, erzeugt die Saite dieselben Obertöne wie die Gitarrensaite (220 Hz, 330 Hz etc.). Du kannst jedoch hören, dass es keine Gitarre ist.

Unterschiedliche Verstärkung

Warum? Weil jedes Instrument die von ihm erzeugten Obertöne unterschiedlich stark hervorhebt, d. h. ein jeweils anderes *Obertonspektrum* erzeugt. Hier sind fast unendlich viele Kombinationen denkbar.

Ein anderer Resonator

Du kannst den Klang eines Saxophons von dem einer Klarinette unterscheiden, weil ihre Resonatoren unterschiedliche Formen haben. Diese unterschiedlich geformten Resonatoren erzeugen unterschiedliche Obertonspektren und daher unterschiedliche Klangfarben.

Veränderung des Ansatzrohrs

Zurück zur menschlichen Stimme: Aus demselben Grund – ein anders geformtes Ansatzrohr (= Resonator) – kannst du ein „A" von einem „O" unterscheiden. Im Grunde geht es bei der Hervorbringung der verschiedenen Vokale um die Erzeugung eines entsprechenden Obertonspektrums, und dieses erzeugst du, indem du mit Hilfe der Artikulationswerkzeuge die Form deines Ansatzrohrs – hauptsächlich im Mundraum – veränderst.

Unverkennbare Mischung

Mit anderen Worten: Jeder Vokal erzeugt eine unverkennbare Mischung aus stärkeren und schwächeren Obertönen. Du kannst einen Vokal von einem anderen unterscheiden, wie du auch ein Saxophon von einer Klarinette oder eine Violine von einem Banjo unterscheiden kannst.

Zu hoch

Wenn eine Opernsängerin ihre höchsten Töne singt, kann man die Vokale häufig nicht mehr voneinander unterscheiden. Warum? Weil diese hohen Töne so wenig wirksame Obertöne erzeugen, dass die Unterschiede zwischen den Vokalen verschwimmen.

Hell oder gedämpft

Du kannst deine Vokale – vielleicht abgesehen von den ganz hohen Tönen – auf dieselbe Weise hell oder dunkel klingen lassen, wie du verschiedene Vokale erzeugen kannst: durch Veränderung der Zungen- und Lippenstellung und somit durch eine Veränderung der Form deines Ansatzrohrs. Das Ergebnis ist, dass bestimmte Obertöne verstärkt bzw. abgeschwächt werden.

Höhenregler

Die Verstärkung höherer Obertöne (d. h. höherer Frequenzen) sorgt für ein helleres Timbre; eine Abschwächung führt zu einem dunkleren, wärmeren Klang. Das ist so ähnlich, als würdest du den Höhenregler an einem Verstärker hoch- oder runterdrehen.

Mitschwingende Gegenstände

Wenn du Musik abspielst, vor allem mit höherer Lautstärke, können manchmal bestimmte Gegenstände im Raum bei bestimmten Frequenzen mitvibrieren. Genauso können auch verschiedene Körperteile zu deiner Stimme mitschwingen. Man nennt das Resonanz. Jeder Ton erzeugt Schwingungen, die deinen Schädel, dein Brustbein – oder einen anderen Gegenstand im Raum – zur Resonanz, also zum Mitschwingen, anregen können.

Stopp

Diese Resonanzschwingungen sind eine Folge des von dir erzeugten Klangs. Wenn du die Schwingungen des Kopfes oder Brustbeins stoppst (indem du einfach die Hand darauf legst), klingst du nicht anders. Das ist zwar schwer zu glauben, da es sich für dich wahrscheinlich anders *anfühlt*. Vielleicht *hörst* du sogar einen Unterschied – dein Publikum jedoch nicht.

RESONANZ UND TIMBRE

Resonanz und Timbre sind eng verwandte Themen. Kurz gesagt: Du kannst verschiedene Timbres (sowie Vokale und andere Klänge) erzeugen, indem du die Resonanzverhältnisse im Ansatzrohr beeinflusst, d. h. die Position der Artikulatoren – Zunge, Unterkiefer, Lippen und weicher Gaumen – veränderst. Dies führt ebenfalls zu einer Verstärkung oder Abschwächung bestimmter Obertöne.

Artikulation

Natürlich werden die Artikulatoren auch für die exakte Bildung von Vokalen und Konsonanten benutzt, zur *Artikulation* eben. Darum geht es auf Seite 73–77.

Dein persönliches Timbre

Jeder Mensch hat ein persönliches, unverwechselbares Timbre, das so einzigartig ist wie sein Fingerabdruck. Dein persönlicher Klang bzw. Timbre wird hauptsächlich durch die spezifischen Abmessungen deines Ansatzrohrs und der anderen Teile des Stimmapparates bestimmt.

Ein Beispiel

So ist zum Beispiel ein breiter, etwas flacher Gaumen für eine dunkler klingende Stimme verantwortlich. Ein hoher, schmaler Gaumen führt zu einem helleren Timbre. Mit anderen Worten: Unterschiedlich geformte Gaumen erzeugen unterschiedliche Obertonspektren, was deutlich unterschiedliche Timbres zur Folge hat. Dasselbe gilt auch für die anderen Teile des menschlichen Stimmapparates.

Stimmgattung

Dein Timbre trägt wesentlich zur Bestimmung deiner Stimmgattung bei. Der Stimmumfang eines Tenors ist höher als der eines Baritons, und sein Timbre ist meist heller. Ein Alt hat nicht nur eine tiefere Stimme als ein Sopran, sondern auch ein wärmeres, dunkleres Timbre.

Dein Stil

Dein Timbre kann außerdem ausschlaggebend dafür sein, welche Musikstile du erfolgreich singen kannst und welche du besser nicht singst, wenn du deiner Stimme keinen Schaden zufügen möchtest.

Gefühle

Manche Dinge stehen also fest, wenn es um das Timbre geht. Doch innerhalb dieser Grenzen kannst du eine Menge tun, um das Timbre bzw. die Klangfarbe deiner Stimme zu verändern. Du kannst sie glücklich, wütend, schwer oder leicht klingen lassen – und du brauchst dafür keinen Lehrer. Wenn du traurig bist, braucht dir niemand zu sagen, wie du traurig klingen kannst. Das Timbre kommt oft automatisch mit dem Gefühl.

Verbesserung der Tonqualität

Singen ist so ähnlich wie das Spielen eines Musikinstruments. Man braucht keine besondere Übung, um zu lernen, wie man einem Instrument Töne entlockt, doch es dauert Jahre, bis es gut klingt. So ist es auch beim Singen: Fast jeder kann singen, doch es kann viele Jahre dauern, bis man gelernt hat, die Stimme unter Kontrolle zu bringen und sie genauso klingen zu lassen, wie man es gerne hätte.

Nicht klassische Sänger

Das gilt nicht nur für klassische Sänger. Auch als nicht klassischer Sänger kannst du lernen, wie du dein persönliches Timbre besser einsetzen, Probleme überwinden, die Stärken deiner Stimme betonen, ihre Schwächen minimieren und das gewünschte Timbre erzeugen kannst, ohne dein Instrument zu schädigen und ohne deinen charakteristischen Klang, deine Authentizität oder etwas anderes einzubüßen.

Saxophonisten und Gitarristen

Bei den meisten Instrumenten ist es nicht so schwierig, einem Schüler einfache Anleitungen zur Verbesserung oder Steuerung der Tonqualität zu geben. Man kann einem Geiger sagen, dass er den Bogen nicht zu hart aufsetzen soll; man kann einem Saxophonisten sagen, dass er das Mundstück nicht zu weit in den Mund nehmen soll; man kann einem Gitarristen sagen, dass er einen helleren Ton erzeugen soll, indem er dichter am Steg spielt.

Unsichtbar

Bei Sängern funktioniert das nicht, da die meisten Elemente der Stimme nicht von außen sichtbar sind und vieles nicht vom Bewusstsein gesteuert wird. Es hat keinen Zweck, einem Sänger zu sagen, er solle die Stellknorpel ein bisschen anheben oder die Stimmlippen entspannen …

Ein paar Beispiele

Das ist einer der Gründe, warum Sänger und Lehrer zum Beispiel über verschiedene Resonanzarten oder über den „Maskensitz" sprechen: Sie reden darüber, was du hören oder fühlen sollst und nicht darüber, was du dafür tun musst. Hier sind ein paar Beispiele, die häufig im Gesangsunterricht angewandt werden.

Resonanz

Der Klang deiner Stimme kann in verschiedenen Körperteilen Schwingungen hervorrufen. Diese werden häufig zum Beispiel als *Brust-* und *Kopfresonanz* bezeichnet.

Brust und Kopf

Einen Ton mit „Brustresonanz" zu singen, bedeutet meist, ihn so zu singen, dass du eine Vibration im Brustkorb spürst. Dadurch entsteht ein dunkleres Timbre als beim Singen desselben Tons mit Kopfresonanz. Durch die „Kopfresonanz" entsteht ein helleres, strahlenderes Timbre.

Tonhöhe und Resonanz

Brustresonanz, Kopfresonanz, Halsresonanz, Mundresonanz etc. werden manchmal mit bestimmten Tönen oder Tonbereichen in Verbindung gebracht: Tiefe Töne haben zum Beispiel Brustresonanz, Töne im mittleren Bereich Halsresonanz und hohe Töne Kopfresonanz.

Register

Natürlich gibt es einen Zusammenhang mit den verschiedenen Registerbezeichnungen der Singstimme: das *Brustregister* für den tiefsten und das *Kopfregister* für den höchsten Bereich des Stimmumfangs. Jedes Register hat sein eigenes Timbre. In Kapitel 5 wird dieses Thema ausführlicher behandelt.

Timbre und Resonanz

Andere Theorien verbinden Resonanzarten nicht mit bestimmten Tonbereichen oder Registern. Sie sprechen vom Einsatz der Kopfresonanz oder *Kopfstimme*, um zum Beispiel tiefen Tönen mehr Helligkeit zu verleihen. Dies ist eine Möglichkeit, im gesamten Stimmumfang ein ausgeglichenes Timbre zu erzeugen: Hohe Töne klingen nicht mehr so schrill, sondern dank der Brustresonanz etwas wärmer und dunkler; tiefe Töne klingen leichter, wenn sie etwas aufgehellt werden.

Nicht jeder

Nicht jeder ist dieser Meinung. Selbst innerhalb eines Gesangsstils gibt es viele unterschiedliche Auffassungen. Hier sind vier Meinungen zu einem Thema: Einige klassische Sänger sagen, man solle nie mit Brustresonanz bzw. der *Bruststimme* singen; andere sagen, man solle nie *nur* mit Brustresonanz singen, sondern immer eine Mischung erzeugen. Einige sagen, man solle im hohen Register nie mit Brustresonanz singen, und andere sagen, sie würden immer so singen, selbst ihre allerhöchsten Töne …

Mmm

Du kannst leicht spüren, worauf sich die verschiedenen Resonanzarten beziehen. Summe auf einer angenehmen Tonhöhe. Halte den Ton und versuch, den Klang in verschiedene Körperteile zu senden. Dabei wirst du feststellen, dass du – wenn auch noch so geringfügig – die

Form des Ansatzrohrs veränderst, vielleicht durch eine Veränderung der Kehlkopfstellung, durch Absenken oder Anheben des weichen Gaumens oder durch eine veränderte Lippenstellung. Auf diese Weise erzeugst du unterschiedliche Obertonspektren, die verschiedene Körperteile zum Mitschwingen anregen können.

Die richtigen Worte

Tragen die Schwingungen bzw. die Resonanz in der Brust oder im Kopf tatsächlich zum Klang bei, den du erzeugst? Einige Leute sagen, dass Knochen und Hohlräume schwingfähig sind, andere behaupten, dass Kopf und Brust nicht wirklich mitschwingen können, da sie mit nicht schwingenden Substanzen, dem Gehirn bzw. der Lunge, gefüllt sind. Das Ausfüllen eines Resonators (z. B. des Resonanzkörpers einer Violine oder Gitarre) mit ähnlichen Substanzen würde die gesamte Resonanzfähigkeit zunichte machen. In diesem Buch geht es jedoch nicht darum, wer Recht hat. Die Hauptsache ist, dass die verwendeten Begriffe und Metaphern dazu beitragen, dass du deine Stimme besser verstehen und einsetzen kannst.

Das richtige Timbre

Außerdem solltest du wissen, dass sich die Schwingungen, die du spürst, oft von den Schwingungen unterscheiden, die ein anderer Sänger spürt – wie auch verschiedene Gläser zu unterschiedlichen Tönen und Obertönen vibrieren. Die Hauptsache beim Singen ist, dass die Schwingungen, die *du* spürst, zur Erzeugung eines bestimmten Timbres beitragen. Wenn du weißt, dass ein Ton sehr gut klingt, wenn die Wangen vibrieren, kannst du dieses Timbre erneut erzeugen, indem du die Vibrationen noch einmal erzeugst.

Richtig oder falsch?

Es gibt noch viele andere Ansätze. Einige kommen dem, was tatsächlich im Körper passiert, sehr nahe; andere sind weit davon entfernt. So lange sie Sängern jedoch dabei helfen, besser zu singen, kann man sich fragen, ob das wirklich so schlimm ist.

Rückseite oder Vorderseite

Einige Lehrer fordern dich zum Beispiel auf, dir vorzustellen, dass du die Rückseite der Stimmlippen (Richtung

Nacken) für tiefe Töne und dunkle Timbres einsetzt (und um dröhnend zu lachen oder um einem großen Hund zu zeigen, dass du es wirklich ernst meinst). Für hohe und helle Töne (und für Kichern und Babysprache) schlagen sie vor, dich auf die Vorderseite der Stimmlippen zu konzentrieren.

Tonsitz

Sänger reden in diesem Zusammenhang oft von *Tonsitz* oder vom *Platzieren der Stimme*. So kannst du zum Beispiel etwas über die „mentale Platzierung der Stimme auf der Vorderseite der Stimmlippen" lesen. Das Wort Platzierung wird auch benutzt, um anzugeben, wo du Schwingungen spüren solltest oder könntest: zum Beispiel „die Stimme in der Nase platzieren".

Zentrieren

„Die Stimme nach vorne platzieren" bezieht sich meist auf das so genannte *Zentrieren*, nämlich so zu singen, dass die Stimme gut trägt. Eine bekannte Metapher, die dir beim Zentrieren der Stimme helfen kann, ist die Vorstellung, du würdest durch ein kleines Loch hindurch singen. Wenn du die Stimme nicht zentrierst, trägt sie auch nicht.

Die „Maske"

Ein weiterer Begriff, den du in vielen Büchern und Schulen findest, ist die so genannte *Maske*. Die Maske ist „die Innenseite des Gesichts", was sich hauptsächlich auf den Bereich hinter und um die Nasenwurzel bezieht. Die Ausdrücke „in die Maske singen" oder „die Stimme in der Maske platzieren" sollen dem Klang zusätzliche Schärfe, Präsenz, Helligkeit, Kraft oder Tragfähigkeit verleihen.

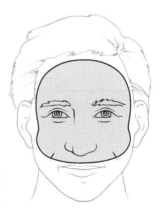

„Tonsitz in der Maske":
von einigen befürwortet,
von anderen abgelehnt.

Klassisch oder nicht klassisch

Obwohl viele nicht klassische Sänger die Maske wie oben beschrieben benutzen, halten andere diese Technik für etwas, das nur klassische Sänger machen. Unter klassischen Sängern gehen die Meinungen zu diesem Thema jedoch mindestens genauso weit auseinander.

Belastung

Andere Sänger – sowohl klassische als auch nicht klassische – verwenden den Maskensitz oder ähnliche Konzepte überhaupt nicht: Sie glauben fest daran, dass die Erzeugung von Schwingungen oder Resonanz in bestimmten Körperteilen (Maske, Kinn, Wangen oder anderswo) leicht zu einer unerwünschten und einseitigen Belastung führen kann. Der Maskensitz hemmt angeblich auch die Fähigkeit verschiedene Klangfarben zu erzeugen.

Der Kehlkopf

Auch einige Lehrer missbilligen das Konzept der Platzierung der Stimme an bestimmten Stellen im Kopf oder Körper. Ein Grund dafür ist, dass eine zu starke Konzentration auf einzelne Stellen den Sänger von der Ganzheitlichkeit des Singens ablenkt.

Unterschiedlich

Ein grundsätzliches Problem mit Begriffen wie „Platzierung" und „Maske" ist, dass sie auf so unterschiedliche Art und Weise benutzt werden. Vergewissere dich also immer, dass du weißt, wovon die Rede ist.

Nasales Timbre

Der „Maskensitz" wird auch mit dem Singen in Sprachen mit einem mehr oder weniger nasalen Timbre in Verbindung gebracht, zum Beispiel französisch oder portugiesisch. Sänger spüren diese Klänge oft hinter der Nase bzw. in der „Maske". Was tatsächlich passiert, ist, dass der weiche Gaumen gesenkt wird, so dass Luft in die Nasenhöhle gelangt: Dadurch entsteht ein nasales Timbre, das Wörter wie *quinze* (fünfzehn) oder *mon* (mein) richtig französisch klingen lässt. Obwohl das Singen mit einem nasalen Timbre in vielen Sprachen höchst unerwünscht ist, ist es in anderen erforderlich.

Kehliges Timbre

Dasselbe gilt auch für ein kehliges Timbre. In der westlichen klassischen Musik und vielen Stilen nicht klassischer Musik gilt das „kehlige Singen" als schlechte Angewohnheit. Dennoch sind viele Gesangsgruppen, zum Beispiel die traditionellen Frauenchöre aus Bulgarien, berühmt für ihr schrilles, fast blechernes, kehliges Timbre. Gut zu singen bedeutet in jedem Musikstil, jeder Kultur, jeder Epoche etc. etwas anderes – und was als schönes Timbre gilt, hängt von mindestens genauso vielen Faktoren ab.

Hilfreiche Empfindungen

Als Sänger hörst du dich nicht so, wie dich dein Publikum hört. Das meiste von dem, was du hörst, kommt von innen, geleitet durch die Knochen und die *eustachische Röhre*, auch *Ohrtrompete* genannt (die Verbindung zwischen Ohr und Mundhöhle). Da du deinen tatsächlichen Klang auf diese Weise nicht richtig beurteilen kannst, können Schwingungen und andere Empfindungen im Körper sehr hilfreich sein, um ein bestimmtes Timbre noch einmal zu erzeugen.

Hand hinters Ohr

Damit mehr Klang das Außenohr erreicht, wölbst du einfach die Hände hinter den Ohren – obwohl das nur ein bisschen hilft. Das Aufnehmen deiner Stimme ist die einzige Möglichkeit, sie wirklich so zu hören wie andere sie hören. Durch diese Aufnahmen erhältst du zwar eine wertvolle Rückmeldung, aber natürlich helfen sie dir nicht, während des Singens dein Timbre zu beeinflussen oder anzupassen.

Inneres Ohr

Durch Trainieren deines „inneren Ohrs" kannst du dein Timbre besser unter Kontrolle bringen. Wenn du deine Stimme wirklich kennst, sagt dir der Klang, den du von innen hörst, ob du dich gut anhörst oder ob du Anpassungen vornehmen musst.

Ohren zuhalten

Einige Lehrer raten sogar, das innere Ohr dadurch zu trainieren, dass man sich die Ohren zuhält. Dadurch gewöhnst du dich an deine Stimme, wie du sie von innen hörst und kannst dich in bestimmten Situationen auf diese Information verlassen.

Schlechte Monitore

Das Zuhalten eines oder beider Ohren kann außerdem hilfreich sein, wenn du mit PA-Anlage spielst und dich selbst nicht hören kannst, weil die Monitore schlecht sind oder nicht ausreichen.

VOKALFORMANTEN UND SINGFORMANT

Die Tatsache, dass Opernsänger ein hundertköpfiges Orchester übertönen können, hat nichts mit Lautstärke zu tun, sondern mit Resonanz und Tragfähigkeit. Das gilt auch für die Erzeugung eines perfekten klassischen Timbres.

Klassisch und nicht klassisch

Der folgende Abschnitt ist hauptsächlich für klassische Sänger von Interesse, doch enthalten einzelne Absätze auch nützliche Informationen für nicht klassische Sänger.

Sprechende Saiten

Wenn du ein Klavier zur Verfügung hast, solltest du einmal den Deckel öffnen, das rechte Pedal heruntertreten und ein „A" ins Klavier singen. Wenn du genau hinhörst, wirst du feststellen, dass die Saiten ebenfalls ein „A" erklingen lassen. Singe jetzt einen anderen Vokal. Die Saiten imitieren deinen Klang fast perfekt.

Sehr ähnlich

Wie das funktioniert? Ganz einfach: Die Schwingungen deiner Stimme lösen (durch Resonanz) die entsprechenden Frequenzen der Saiten aus, die dann mitschwingen und einen sehr ähnlichen Klang erzeugen.

Formanten

In der Mund- und Rachenhöhle gibt es fünf Resonanzbereiche, die für die Vokalbildung zuständig sind. Diese *Formanten* oder *Formantbereiche* verstärken die spezifischen (Oberton-)Frequenzen der einzelnen Vokale.

Sprechen oder singen

Beim Sprechen oder Singen verändert sich die Form des Ansatzrohrs, um Vokale, Konsonanten und andere Klänge zu bilden; die entsprechenden Formanten werden unbewusst aktiviert.

Anpassen

Klassische Sänger gehen noch einen Schritt weiter. Sie sind so geschult, dass sie die Formanten voll ausnutzen können, indem sie die Form ihres Ansatzrohrs optimal an die Frequenz des gesungenen Tons anpassen und somit eine maximale Resonanz erreichen. Dies wird als *Formant Tuning* (*Formantabstimmung*) bezeichnet.

Kostenlose Verstärkung

Wenn du diese Anpassung vornehmen kannst, bieten die Formanten eine „kostenlose Verstärkung" deiner Stimme. Sie machen den Klang klarer und heller und sorgen dafür, dass die Stimme trägt.

Anpassung der Vokale

Häufig erfordert diese Technik eine Modifizierung der Vokale (bzw. deren Obertonspektren), damit sie zu den Formanten passen. Dazu musst du deine Aussprache etwas anpassen, zum Beispiel, indem du ein offenes „A" etwas weniger offen oder ein „I" etwas heller nimmst.

Singformant

Die Tatsache, dass Opernsänger ein hundertköpfiges Orchester übertönen können, hat viel mit der Verstärkung durch die Formanten zu tun: Sie bündeln den dritten, vierten und fünften Formanten aufgrund von Resonanz und Überlagerungserscheinungen zum so genannten *Singformanten*, der etwa im Bereich zwischen 2.400 Hz und 3.000 Hz liegt. Alle Obertöne, die in dieses Frequenzgebiet fallen, werden stärker abgestrahlt als andere.

Übung

Kann man den Singformanten entwickeln oder üben? Einige Fachleute sagen ja, jeder kann es, andere sagen, man kann ihn nur weiterentwickeln, wenn man ihn ohnehin zufällig „hat", wobei sie sich auf bestimmte physiologische

Gegebenheiten beziehen (z. B. eine bestimmte Form des Kehldeckels).

Männer und Frauen?

Einige Fachleute sagen, dass nur Männer einen Singformanten haben und dass klassische Sängerinnen stattdessen die Formantabstimmung einsetzen. Andere sagen, dass Frauen zwar auch einen Singformanten haben, jedoch nur im Bereich bis etwa E2. Bei höheren Tönen erzeugt die Stimme nicht genügend Obertöne, die im Bereich des Singformanten liegen.

Nicht klassische Sänger?

Können auch nicht klassische Sänger den Singformanten nutzen? Einige sagen ja, doch wäre das dadurch entstehende Timbre unverkennbar klassisch. Andere sagen, dass jeder gute Sänger in gewissem Maße diese Qualität hat, und wieder andere sagen, dass nicht klassische Sänger es einfach nicht können.

Nicht klassische Sänger!

Erwähnenswert in diesem Zusammenhang ist, dass der Frequenzbereich des Singformanten offensichtlich von zentraler Bedeutung für die Singstimme ist. Das gilt auch für nicht klassische Sänger: Viele Gesangsmikrofone haben in diesem Bereich eine erhöhte Empfindlichkeit, um die Stimme zusätzlich zu verstärken. Wenn du Schwierigkeiten hast, dich selbst in den Monitorboxen zu hören, solltest du den Toningenieur nicht bitten, die Lautstärke zu erhöhen, sondern stattdessen den Bereich zwischen 2.400 Hz und 3.000 Hz etwas zu anzuheben!

Mehr über Formanten

Es gäbe noch viel mehr über Formanten und den Singformanten zu sagen, doch würde das den Rahmen dieses Buches sprengen. Aber es ist vielleicht ganz nützlich zu wissen, dass der erste Formant (F1) die Obertöne im Frequenzbereich bis 1.000 Hz verstärkt. Man kann diesen Bereich ansprechen, indem man den Kiefer auf und ab bewegt (nach Meinung einiger Experten) oder durch Absenken oder Anheben des Kehlkopfes (nach Meinung anderer Experten) oder beides (eine dritte Expertengruppe…). Der Frequenzbereich des zweiten Formanten (F2), der auf die Zungenstellung reagiert (nach Meinung einiger Experten …), liegt zwischen 1.000 Hz und 2.000 Hz. Diese beiden ersten Formanten spielen die Hauptrolle beim Bilden von Vokalen. Die drei anderen Formanten decken höhere Frequenzbereiche ab.

Formanten, Timbre, Platzierung

Wenn du die beiden vorherigen Abschnitte miteinander vergleichst, stellst du vielleicht fest, dass beide dasselbe Thema behandeln. Bei der Formantabstimmung geht es schließlich um die Anpassung des Ansatzrohrs, damit sich bestimmte Frequenzen aneinander anpassen und sich gegenseitig verstärken können. Dies beeinflusst die Obertonspektren und somit Resonanz und Timbre und kann zu bestimmten Schwingungsempfindungen im Körper oder Kopf führen, was manchmal wiederum als Platzierung der Stimme auf eine andere Art und Weise angesehen wird …

LAUTSTÄRKE

Die menschliche Stimme kann extrem laut, aber auch sehr leise klingen. Mit anderen Worten: Sie hat einen sehr großen *Dynamikbereich*. Größer als viele andere Musikinstrumente.

Nicht Lautstärke ...

Geschulte Sänger und Sänger mit einer sehr kraftvollen Stimme können genauso laut sein wie ein Klavier oder sogar ein Schlagzeug. Sänger verlassen sich jedoch selten nur auf die Lautstärke, um gehört zu werden.

... sondern Tragfähigkeit

Klassische Sänger lernen, ihre Stimme tragfähig zu machen, und diese Tragfähigkeit hat nichts mit Lautstärke, sondern mit Resonanz zu tun (siehe Seite 54). Nicht klassische Sänger benutzen einfach ein Mikrofon und lassen ihre Stimme verstärken, sodass selbst die schwächste Stimme ein Stadion ausfüllen kann.

Laut oder leise

Einige Menschen können mehr Klang erzeugen als andere. Das macht sie jedoch nicht zu besseren Sängern; sie haben einfach nur eine größere Stimme. Die *Größe* der Stimme ist nicht so wichtig, obwohl sie die Anzahl der für dich geeigneten Musikstile einschränken kann. Einige Musikrichtungen erfordern zum Beispiel große Stimmen und sind schädlich für kleine Stimmen, und es gibt viele Songs, die mit einer kleineren Stimme besser klingen.

Dynamik

Es ist wichtig, dass du deinen dynamischen Umfang unter Kontrolle bringst. Das bedeutet, dass du lernst, deine maximale Lautstärke voll auszunutzen, damit du so laut singen kannst, wie es geht, ohne deine Stimme zu schädigen; oder aber so leise wie möglich, ohne dass du einen hauchigen Ton bekommst oder die Stimme wegbricht.

Belting

Eine bekannte Technik, mit der du laute hohe Töne singen kannst, ohne die Stimme zu schädigen, wird als *Belting* bezeichnet. Mehr über diese Technik auf Seite 90–92.

Atemstütze

Die Fähigkeit, kraftvoll laut oder leise zu singen, hängt nicht zuletzt von der Atemstütze ab (siehe Seite 43). Um laut zu singen, musst du einen stärkeren Luftstrom erzeugen und brauchst eine gute Atemstütze, damit du nicht schon nach ein paar Tönen ausgepowert bist. Wenn du leise singst, brauchst du die Atemstütze, um den Luftstrom am zu schnellen Entweichen zu hindern.

Lautstärke und Timbre

Die meisten Blasinstrumente klingen weich und warm, wenn sie leise gespielt werden. Wenn sie lauter gespielt werden, wird der Klang voller; wenn sie noch lauter gespielt werden, kann er schrill werden und irgendwann „zerbersten". Die Stimme, die im Wesentlichen wie ein Blasinstrument funktioniert, hat dieselben Eigenschaften.

Lauter – aber nicht schreien

Zu einer guten Gesangstechnik gehört auch, dass du lernst, dein Timbre im gesamten Dynamikbereich unter Kontrolle zu haben. Natürlich verändert sich dein Timbre, wenn du lauter singst, aber es sollte nicht so klingen, als würde jemand anders singen und auch nicht so, als würdest du schreien. Außerdem sollte die Stimme, wenn du leise singst, weiterhin klar und voll klingen und nicht sofort in ein Flüstern übergehen.

Lautstärke und Tonhöhe

Zum Erlernen einer guten Gesangstechnik gehört auch, Lautstärke und Tonhöhe aufeinander abzustimmen. Viele Sänger singen lauter, wenn sie höhere Töne singen und umgekehrt: Die tiefsten Töne können nicht besonders laut gesungen werden. Versuch deinen tiefsten Ton laut zu singen, dann siehst du, was passiert.

Messa di voce

Es gibt eine bekannte Übung zur Kontrolle von Lautstärke und Timbre, die als *messa di voce* bezeichnet wird. Auch Intonation und Atemstütze profitieren von davon. Du singst einen einzelnen langen Ton auf einen Atem, der leise beginnt, lauter wird und dann wieder leise endet. Timbre und Tonhöhe sollen sich dabei nicht verändern. Trotz des klassischen italienischen Namens ist dies auch für nicht klassische Sänger eine sehr gute Übung. Wenn du jeden Ton deines Stimmumfangs in unterschiedlicher Lautstärke singen kannst, wirkst du als Sänger ausdrucksvoller.

SAUBER SINGEN

Wenn du Probleme hast, die Töne sauber zu treffen, findest du auf den nächsten Seiten ein paar hilfreiche Hinweise. Wenn du keine Probleme damit hast, kannst du diesen Abschnitt überspringen. Wenn du dir zu viele Gedanken darüber machst, kann das leicht dazu führen, dass du falsch singst …

Angst

Die meisten Leute, die sagen, sie könnten nicht singen, haben Angst, falsch zu singen. Und wenn man Angst hat, singt man wahrscheinlich erst recht falsch.

Kein musikalisches Gehör?

Von Leuten, die tatsächlich oft falsch singen, wird häufig behauptet, sie hätten *kein musikalisches Gehör*. Genau genommen gibt es so etwas wie „kein musikalisches Gehör haben" überhaupt nicht. Erstens können Menschen „ohne musikalisches Gehör" oft perfekt einen falschen von einem richtigen Ton unterscheiden. Zweitens könnten sie auch nicht verstehen, was andere sagen, da man Vokale nur aufgrund ihres spezifischen Obertonspektrums erkennen kann; aber das ist ja nicht der Fall. Also existiert – auch nach Auffassung einiger Experten – dieses Phänomen gar nicht, wohl aber die Angst, falsch zu singen. Sauber singen hat demnach viel mit Selbstvertrauen zu tun.

Andere Dinge

Um sauber singen zu lernen, sollte man sich auf andere Dinge konzentrieren als darauf, die Töne zu treffen. Lehrer kennen viele verschiedene Übungen und Techniken, die dir dabei helfen. *Gehörbildung* zum Beispiel, damit du lernst, Töne und Tonhöhenunterschiede zu hören und zu spüren. Die Atemstütze ist genauso wichtig, da sie das Halten der Töne ermöglicht. Außerdem musst du lernen, dir den Ton im Kopf vorzustellen, bevor du ihn singst.

Zu tief, zu hoch, nicht getroffen, nicht gehalten ...

Einige Leute singen immer etwas zu tief, andere zu hoch. Einige angehende Sänger können bestimmte Töne nicht treffen, andere können es zwar, können sie aber nicht halten. Man kann falsch singen, weil man ungeübt ist, weil man es nicht hört oder keine ausreichende Atemstütze hat, weil man unkonzentriert ist oder Hunger hat oder weil Töne außerhalb des eigenen Stimmumfangs liegen ... Was kann das Treffen der Töne so schwer machen, und was kann man tun, um es zu erleichtern?

Allein

Das Treffen der richtigen Töne ist ziemlich schwierig, wenn man alleine singt, d. h. ohne Instrumentalbegleitung, an der man sich orientieren kann. Wenn du ohne jegliche Begleitung singst, kannst du dich nur an dem Ton orientieren, den du gerade singst.

Keyboard oder CD

Deshalb kann ein Keyboard, eine Gitarre oder ein anderes Instrument beim Üben sehr nützlich sein: Es hilft dir, die Töne zu halten. Als Alternative kannst du mit Hilfe von Übungen auf CDs, Kassetten oder anderen Medien üben.

Selbst ein billiges Keyboard kann eine große Hilfe sein.

In einem Chor

Das Treffen der Töne ist in einem Chor wahrscheinlich am einfachsten: Oft kannst du den Ton, den die Leute um dich herum singen, ganz einfach „kopieren". Und wenn der Chor groß genug und deine Stimme leise genug ist, kannst du vielleicht sogar ein bisschen falsch singen, ohne dass es jemand merkt …

Akzeptiert

Einige Fachleute sind fest davon überzeugt, dass die Stimme fast nicht in der Lage ist, die Töne exakt zu treffen. Das ist aber nicht schlimm. Denn aus irgendeinem Grund werden kleinere Tonhöhenabweichungen der Singstimme viel eher hingenommen als bei verstimmten Klavieren, Gitarren oder anderen Instrumenten. Höchstwahrscheinlich hat das „automatische" Vibrato des Sängers etwas damit zu tun (siehe Seite 78).

Zu tief, zu hoch

In der nicht klassischen Musik gibt es ziemlich viele berühmte Sänger, die fast nie exakt die Töne treffen. Viele bekannte Sänger in Rock, Pop, Jazz, Latin und anderen Stilen scheinen etwas zu tief zu singen, oft mit einem rauen oder gedämpften Timbre. Andere singen immer einen Tick zu hoch. Diese Abweichungen wären im klassischen Gesang nicht akzeptabel, sind es jedoch in fast allen nicht klassischen Stilen. Teilweise liegt das daran, dass Darbietung und Emotionen des Sängers wichtiger sind als das Treffen der Töne. Konsequent betrieben, kann unsauberes Singen sogar ein persönliches und musikalisch attraktives Markenzeichen sein.

Perfekt

Wenn du bedenkst, dass du deine Stimme für jeden einzelnen Ton „stimmen" musst, ist es fast ein Wunder, dass Menschen überhaupt richtig singen können. Im Bruchteil einer Sekunde bevor du einen Ton singst, sorgen zahlreiche Muskeln dafür, dass Stimmlippen und Ansatzrohr die für den gewünschten Ton erforderliche Spannung und Form annehmen. Diese Anpassung wird als *präphonatorisches Stimmen* (*prephonatory tuning*) bezeichnet. Um diese Arbeit leisten zu können, musst du dir den Ton, den du erzeugen willst, exakt vorstellen können, damit sich der Stimmapparat entsprechend darauf einstellen kann.

Nach oben oder unten ziehen

Ohne das präphonatorische Stimmen müsstest du jeden Ton beim Singen korrigieren. Ungeschulte Sänger singen manchmal auf diese Weise: Sie beginnen einen Ton auf einer bestimmten Tonhöhe und ziehen ihn nach oben oder unten, bis er ihrer Meinung nach richtig klingt (was keine Garantie dafür ist, dass er tatsächlich stimmt).

Portamento und Fall-off

Das Ziehen der Töne (*Portamento*) ist jedoch nicht immer ein Zeichen für schlechten Gesang. In verschiedenen Stilrichtungen setzen Sänger diese Technik bewusst als Effekt ein, wobei der Ton nach oben oder unten bis zur gewünschten Tonhöhe gezogen oder am Ende einer Phrase fallen gelassen wird (*fall-off*). Bläser, Gitarristen und andere Instrumentalisten verwenden ähnliche Verzierungen.

Gehörbildung

Um einen Ton richtig zu treffen, musst du wissen, wie er klingen soll. Wenn dir das schwer fällt, können Gehörbildung und andere Übungen helfen. Beachte, dass einige Sänger hohe Töne oft zu hoch und tiefe Töne zu tief singen; andere scheinen kaum zu wissen, wo der nächste Ton überhaupt liegt. Es gibt zwar viele Gehörbildungskurse zu kaufen (CDs, Kassetten, Software, Internet), aber nur ein guter Lehrer kann dir die Übungen heraussuchen, mit denen du ein spezielles Problem lösen kannst.

Konzentration

Das Treffen der Töne erfordert außerdem Konzentration: Schließlich musst du dein „Instrument" für jeden einzelnen Ton stimmen.

Zu viel

Es mag zwar merkwürdig klingen, aber zu viel Konzentration auf die richtigen Töne kann leicht dazu führen, dass du falsch singst. Es ist ein bisschen wie die Übung, nicht an rosa Elefanten zu denken: Das ist ziemlich unmöglich. Anstatt dich also nur auf die Tonhöhe zu konzentrieren, solltest du versuchen, den nächsten Ton vorauszuhören und an anderen Aspekten deiner Gesangstechnik arbeiten.

Treffen und fallen lassen

Andere Sänger haben kein Problem damit, sofort den richtigen Ton zu treffen, aber sie können ihn nicht halten: Der Ton fällt oder wird höher, wenn er gehalten wird. Dies kann meist durch eine Verbesserung der Atemstütze behoben werden (siehe Seite 43). Konzentrationsmangel kann außerdem zu einem instabilen Ton führen: Du musst den Ton so lange kontrollieren, wie du ihn singen willst und ihn nicht einfach herausstoßen und ihn dann loslassen.

Bereiche

Vielleicht gibt es Bereiche in deinem Stimmumfang, in denen du häufiger falsch singst als in anderen. Oft reicht es, wenn du dich auf diese Bereiche konzentrierst.

Außerhalb deines Stimmumfangs

Wenn du Probleme hast, die höchsten oder tiefsten Töne eines Stücks zu treffen, kannst du es *transponieren*, d. h. in einer anderen Tonart singen. Probleme mit den höchsten Tönen? Das Transponieren in eine tiefere Tonart kann das Problem lösen. Du triffst die tiefsten Töne nicht? Singe das ganze Stück höher, indem du es in eine höhere Tonart transponierst. Viele Songs und Lieder sind in verschiedenen Tonarten erhältlich.

Schwierig oder noch schwieriger

Gitarristen und andere Instrumentalisten sind oft nicht glücklich, wenn du die Tonart eines Stücks ändern willst. Durch das Transponieren können sie schwieriger für sie werden – zum Beispiel durch weniger geläufige Fingersätze. Die Grenztöne des Stimmumfangs zu singen ist jedoch meist noch schwieriger (wenn nicht unmöglich).

Ein anderer Klang

Das Singen eines Songs in einer anderen Tonart macht ihn nicht nur tiefer oder höher. Es verändert auch ein bisschen das Timbre. Jede Tonart hat ihren eigenen Charakter.

Essen

Einige Sänger treffen die Töne nicht so gut, wenn sie gerade etwas oder schon lange nichts mehr gegessen haben. Der Zeitpunkt der letzten Nahrungsaufnahme kann sich auch auf andere Art und Weise auf den Gesang auswirken (siehe Seite 102).

Kopfhörer

Um die Töne zu treffen, musst du dich selbst richtig hören können. Das erklärt, warum man unmöglich zu einer CD mitsingen kann, die man über Kopfhörer hört. Auch wenn du mit Verstärkung singst, musst du dich selbst unbedingt hören. Wenn nicht, hast du ein Problem. Es gibt einen Trick, der das Problem vorübergehend löst: Wenn du ein oder beide Ohren zuhältst, kannst du deine Stimme von innen hören, selbst wenn es um dich herum laut ist.

Lauter stellen?

Um dich selbst hören zu können, brauchst du gute Monitorboxen. Sie einfach nur lauter zu stellen ist vielleicht nicht die beste Lösung, wenn du deine Stimme nicht hören kannst. Wenn du dich zu laut hörst, kann es sein, dass du noch falscher singst. Stattdessen kannst du den Toningenieur bitten, den Bereich zwischen 800 Hz und 1.400 Hz bzw. zwischen 2.400 Hz und 3.000 Hz etwas anzuheben (siehe Seite 63, 64). Es kann auch helfen, die anderen Instrumente oder Monitore, die du hörst, etwas leiser zu stellen.

Tonhöhenkorrektur

Um unsaubere Töne zu korrigieren gibt es Geräte, die beim Singen Tonhöhenkorrekturen in Echtzeit vornehmen können (siehe Seite 145)! Eine Korrektur in einer fertigen Aufnahme ist ein noch geringeres Problem. Sogar die meisten preisgünstigen Programme zur Musik- und Audiobearbeitung können das.

ARTIKULATION

Artikulation ist einer der vielen verwirrenden Begriffe in der Welt des Gesangs. Im folgenden Abschnitt wird er verwendet, um zu beschreiben, wie einzelne Buchstaben bzw. Laute geformt und miteinander verbunden werden. Dies geschieht mit Hilfe der Artikulatoren: Lippen, Unterkiefer, Zunge und weicher Gaumen.

Timbre

Der Begriff Artikulation wird außerdem in Verbindung mit den Begriffen Timbre bzw. Klangfarbe verwendet, wie auf Seite 85 beschrieben. Schließlich ist der spezifische Klang der einzelnen Vokale auch ein Ergebnis der Artikulation.

Aussprache

Es kann sein, dass du selbst mit einer furchtbaren Aussprache sehr gut artikulierst. In diesem Buch bezeichnet der Begriff „Aussprache" lediglich, dass man Wörter so klingen lässt, wie es die jeweilige Sprache oder der jeweilige Dialekt erfordern. Mehr darüber erfährst du in Kapitel 8, *Texte*.

Diktion

Manchmal wird der Begriff *Diktion* verwendet, um das Endresultat von Artikulation (wie Laute in der Sprache bzw. Musik geformt werden) und Aussprache (wie die Wörter klingen sollen) zu bezeichnen.

Undeutlich

Wenn du nicht gut artikulierst, d. h. wenn du nuschelst oder den Mund beim Singen nicht genügend öffnest, versteht das Publikum deine Texte wahrscheinlich nicht. Du klingst dann undeutlich oder *inartikuliert*.

Angespannt

Manchmal sind Sänger sehr angespannt, wenn sie besonders gut artikulieren wollen, und Anspannung hilft nicht beim Singen. Mit Hilfe von speziellen Übungen kannst du mit minimaler Anspannung klar und deutlich sprechen und singen.

Die Grundlagen

Um die Grundlagen der Artikulation zu verstehen, solltest du etwas mehr über Vokale und Konsonanten und deren Bildung erfahren.

Vokale

Das Alphabet hat zwar nur ein paar Vokale, aber es gibt viele Möglichkeiten sie auszusprechen, und natürlich erfordert jede Variante eine andere Artikulation. Höre dir nur einmal das „A" in den Wörtern *lahm* und *krass* an; oder zum Beispiel in den englischen Wörtern *lame*, *mall*, *rather*, *damage* und *any*.

Verschiedene Buchstaben, identischer Klang

Umgekehrt funktioniert es genauso: Es gibt einige unterschiedlich geschriebene Vokale bzw. Buchstabenkombinationen, die identisch ausgesprochen werden, z. B. die Wörter *Meer* und *mehr* oder *Mime* und *mies*. Im Englischen ist es noch auffälliger: Achte auf das „I" in den Wörtern *he*, *believe*, *tea*, *key*, *machine* etc.

Zunge und Lippen

Die Artikulation der verschiedenen Vokale hängt hauptsächlich vom Anheben bestimmter Zungenbereiche und von unterschiedlichen Lippenstellungen ab. Um zum Beispiel den Vokal „I" wie in *Miete* zu artikulieren, liegen die Zungenränder an den oberen Backenzähnen. Für das „U" wie in *Unfug* wird der hintere Teil angehoben. Das „E" in *redlich* wird artikuliert, indem die Zungenmitte angehoben wird, beim „A" in *Abend* liegt die Zunge unten.

Diagramme

Es gibt Diagramme der verschiedenen Zungenpositionen. Du findest sie in der entsprechenden Fachliteratur und im Internet.

Diphthonge

Bei einigen Silben musst du von einem Vokal zum nächsten gleiten. Das Wort *gleiten* ist ein perfektes Beispiel dafür. Dies wird als *Doppelvokal* oder *Diphthong* bezeichnet.

Diphthonge sind auch in Wörtern wie *Haus* und *Eule* zu hören.

Triphthonge

Ein *Triphthong* ist eine Kombination aus drei Vokalen in Folge (also ohne dazwischengeschalteten Konsonanten), wie zum Beispiel in den Wörtern *Geier, schauen* und *bereuen*. In *miauen* folgen sogar vier Vokale unmittelbar hintereinander.

Konsonanten

Vokale erfordern einen ununterbrochenen, offenen Luftstrom. Die meisten Konsonanten erfordern eine Unterbrechung (z. B. das P) oder Eindämmung des Luftstroms (z. B. das S). Dies kann auf verschiedene Weise und an verschiedenen Stellen im Ansatzrohr erfolgen. Die Konsonanten werden nach Art und/oder Ort ihrer Entstehung in verschiedene Kategorien eingeteilt. Die folgende Auflistung erhebt keinen Anspruch auf Vollständigkeit.

Lippen, Zähne, weicher Gaumen, harter Gaumen

Die folgenden Kategorien beziehen sich auf die Artikulationsstellen:

- *Bilabiale* sind Konsonanten, bei denen die Lippen geschlossen (M) oder geschlossen und geöffnet werden müssen (B, P).
- *Labiodentale* werden mit der Unterlippe und den oberen Schneidezähnen gebildet (W, F).
- *Alveolare* werden gebildet, indem der Luftstrom durch die am Zahndamm liegende Zungenspitze gestoppt oder eingedämmt wird (T, D, S).
- *Velare* werden durch Anheben des Gaumensegels (*Velum* oder *weicher Gaumen*) und Absenken des Zungenrückens gebildet (G, K).
- *Palatale* werden durch Zusammenbringen von Zungenrücken und hartem Gaumen gebildet (J, oder das *ch* in *ich*).
- *Glottale* (Hauchlaute) werden mit der Öffnung zwischen den Stimmlippen (der Stimmritze bzw. Glottis) hervorgebracht (H).
- *Interdentale* gibt es zum Beispiel in der englischen Sprache. Sie werden mit der Zunge und den unteren und oberen Schneidezähnen gebildet (wie das *th* in *the*).

Plosive, Frikative, Affrikate und Nasale

Die folgenden Kategorien beziehen sich auf die Artikulationsarten:

- *Verschluss-* oder *Plosivlaute* werden gebildet, indem zunächst ein Luftdruck aufgebaut wird, der dann durch plötzliche Öffnung entweicht. Man unterscheidet zwischen *bilabialen Plosiven* (B, P; Öffnen der Lippen), *alveolaren Plosiven*: (D, T; Wegnehmen der Zunge vom Zahndamm) und *velaren Plosiven* (G, K; Anheben des Gaumensegels und Senken des Zungenrückens).
- *Engelaute* oder *Frikative* werden gebildet, indem Luft durch eine ganz kleine Öffnung entweicht. Diese Laute können mit Lippen und Zähnen (*labiodentale Frikative*, W, F), mit der Zunge am Zahndamm (*alveolare Frikative*, S, Sch) oder zwischen Zungenrücken und hartem Gaumen (*palatale Frikative*) gebildet werden.
- *Affrikate* entstehen durch Kombination eines Verschlusslauts mit einem nachfolgenden Engelaut (Tsch, Z, X)
- *Nasale* werden mit Hilfe von Nasenresonanz gebildet. Der Verschluss der Nase stoppt den Klang (M, N, NG).
- *Laterale* werden gebildet, indem die Luft an einer oder beiden (lateral) Seiten der Zunge vorbeiströmt (L).
- *Vibranten* entstehen durch Schwingungen der Zungenspitze (Zungen-R) oder des weichen Gaumens (Rachen-R bzw. Zäpfchen-R).

Stimmhaft und stimmlos

Weiterhin kann man Konsonanten in stimmhafte (B, D, G, J, L, M, N, R, W) und stimmlose Konsonanten (F, P, S, T, V) einteilen, je nachdem, ob die Stimme an der Lautbildung beteiligt ist oder nicht.

Der Unterschied

Bei einigen Konsonantenpaaren besteht der Hauptunterschied im Einsatz der Stimmlippen: Vergleiche das stimmhafte W und das stimmlose F; das stimmhafte S (z.B. in *Sonne*) und das stimmlose S (in *dass*) etc.

Noch viel mehr

Es gibt noch viel mehr Kategorien und Differenzierungen der zahlreichen Laute, die die menschliche Stimme hervorbringen kann – im Deutschen und in Hunderten von anderen Sprachen.

Unmöglich

Das Hervorbringen fremdsprachlicher Laute kann unter Umständen etwas mühsam sein, da wir den Gebrauch unserer Artikulationswerkzeuge anders gelernt haben und auch unsere Hörgewohnheiten anders sind. Da jedoch alle Menschen sozusagen „baugleich" sind, ist es natürlich Unsinn, zu behaupten, es sei unmöglich. Natürlich geht es; dem einen fällt es leichter, dem anderen etwas schwerer. Alles eine Frage der Übung... Mehr dazu findest du in Kapitel 8.

STIMMEINSATZ

Der Begriff *Stimmeinsatz* bezeichnet den Beginn der Stimm- bzw. Tongebung.

Ein plosives *a*

Wenn zum Beispiel das Wort „alle" ausgesprochen wird, hört man ganz am Anfang des *a* oft einen kurzen Knacklaut. Dieser ist ähnlich wie ein Plosivlaut, wird jedoch mit den Stimmlippen gebildet.

Harter Einsatz

Hierbei passiert Folgendes: Um ein Wort zu artikulieren, das mit einem Vokal beginnt, schließen die meisten Menschen die Stimmritze ziemlich fest. Dadurch wird die Luft unter dem Kehlkopf gestaut, bis sich die Stimmlippen mit einem explosiven Knacken öffnen. Dies wird als *harter Einsatz* bzw. *Glottisschlag* bezeichnet.

Wie Husten

In den meisten Gesangsstilen ist der harte Einsatz unerwünscht. Bei Aufnahmen können die explosiven Knacklaute ein echtes Ärgernis sein. Oft gilt der harte Einsatz als gesundheitsgefährdend für die Stimme, da das gewaltsame Öffnen der Stimmlippen zu verschiedenen Beschwerden führen kann. Es ist so ähnlich wie Husten, der als Extremform des harten Einsatzes (siehe oben) angesehen werden kann.

Hauchiger Einsatz

Um den harten Einsatz zu vermeiden, kannst du am Wortanfang ein fast lautloses *h* hinzufügen. Dies wird als *hau-*

chiger Einsatz bezeichnet. Dadurch kann jedoch insgesamt ein hauchiges Timbre entstehen, weil diese Stellung der Stimmlippen dann oft beibehalten wird.

Weicher (Stell-)Einsatz
Die dritte Möglichkeit gilt als die beste: Es handelt sich um den so genannten weichen Stelleinsatz. Die Stimmlippen werden genau in dem Moment in die erforderliche Stellung gebracht, in dem die Luft aus der Lunge den Kehlkopf erreicht, sodass sie keinen Widerstand leisten müssen. Diese Technik wird auch als *koordinierter Einsatz* bezeichnet.

Ende
Ähnliches passiert auch beim Beenden der Stimmgebung. Man kann die Stimmlippen abrupt schließen (*glottaler Verschlusslaut*), was irgendwann zu Schäden führt.
Eine weitere Möglichkeit besteht darin, nach Beenden des Tons weiterhin Luft entweichen zu lassen. Die beste Möglichkeit entspricht dem weichen Stelleinsatz. Der Klang wird durch Öffnen der Stimmritze beendet, und mit Hilfe des Zwerchfells wird weitere Luft am Ausströmen gehindert.

Kratzig
Man kann den Ton auch mit einem beigemischten *Kratzen* beginnen, was für die Stimmlippen auf Dauer gesehen jedoch ausgesprochen belastend ist. Gut platziert klingt das jedoch als Effekt (z. B. für Rocksänger) ziemlich gut.

VIBRATO
Wenn du einen langen Ton singst, ist dieser wahrscheinlich nicht ganz „gerade", sondern schwankt ständig etwas nach oben und unten. Dies wird als *Vibrato* bezeichnet: leichte Tonhöhen und/oder Lautstärkeschwankungen, die den Klang meist voller, wärmer und lebendiger machen. Das Vibrato gilt oft auch als sehr wichtiger Aspekt des persönlichen Timbres.

Natürlich
Das Vibrato wird idealerweise durch die natürlichen Schwingungen des Zwerchfells hervorgerufen. Das Singen

eines geraden Tons ohne Vibrato erfordert einige Mühe, da du die Bewegungen des Zwerchfells unterdrücken musst. Das Singen mit Vibrato ist viel natürlicher.

Viele Möglichkeiten

Wenn du dir ein paar Gesangsstile aus anderen Kulturen anhörst, wirst du feststellen, dass es viele Möglichkeiten gibt, das Vibrato einzusetzen oder zu vermeiden.

Die meisten Sänger

In der klassischen Musik sind die Maßstäbe für ein „gutes Vibrato" viel höher als in den meisten anderen westlichen Gesangsstilen – Vibratokontrolle zu erlernen ist jedoch etwas, wovon die meisten Sänger in jeder Stilrichtung profitieren können.

Der Kehlkopf

Vibratokontrolle hat, wie schon gesagt, etwas mit der Steuerung der Zwerchfellbewegungen zu tun. Der Kehlkopf sollte dabei ruhig stehen. Wenn er sich zu heftig auf und ab bewegt, kannst du überhaupt keinen stabilen Ton erzeugen. Dennoch wird das Vibrato – vor allem bei nicht klassischen Sängern – häufig durch Wackeln mit Kehlkopf oder Unterkiefer erzeugt.

Gutes Vibrato

Ein gutes Vibrato hat meist ca. sechs oder sieben Perioden pro Sekunde (6–7 Hz). In diesem Tempo scheinen sich die Muskeln in einem bequemen Gleichgewicht ohne unnötige Anspannung zu befinden.

Zu langsam

Ein zu langsames Vibrato tendiert häufig dazu, zu weit auszuschwingen, d.h. Lautstärke und Tonhöhe weichen zu weit vom „Normalwert" ab. Das klingt meist ziemlich *ausgeleiert*.

Zu schnell

Ein zu schnelles Vibrato (mit mehr als ca. 8 Hz), klingt nicht mehr wie ein Vibrato. Sänger bezeichnen dies als oft *Tremolo*. Auch das Tremolo wird meist durch rhythmisches Wackeln des Kehlkopfes oder Unterkiefers hervorgerufen.

Langweiliges Vibrato

Ein angenehmes Vibrato ist meist flexibel und an den Gesangsvortrag angepasst, wohingegen ein leierndes Vibrato mit immer gleicher Frequenz schon bald langweilig wird. Ein Sänger, dessen Vibrato zu auffällig ist, kann einem ganzen Chor einen ähnlichen Effekt verleihen. Beim Chorsingen müssen die Stimmen miteinander verschmelzen – das bedeutet, dass auch die Vibratos zueinander passen müssen.

Kein Vibrato

In verschiedenen Musikstilen wird ohne Vibrato gesungen, zum Beispiel im osteuropäischen Chorgesang. Von europäischen Barock- und Renaissancesängern wird oft gesagt, dass sie ebenfalls ohne Vibrato gesungen haben. Singen ohne Vibrato ist auch in einigen zeitgenössischen klassischen Stücken erforderlich, und manchmal wird ein flacher, gleich bleibender Klang eingesetzt, um eine oberflächliche, ausdruckslose oder kaltherzige Figur in einer Oper zu betonen oder einem Text oder einer Melodie einen bestimmten Charakter zu verleihen.

5. REGISTER

Die menschliche Stimme hat, wie viele andere Musikinstrumente, unterschiedliche Register. Einige behaupten, sie hätte zwei, andere sagen, sie hätte mehr. In diesem Kapitel lernst du die wichtigsten Ansichten und Begriffe kennen, denen du begegnen wirst. Außerdem erfährst du etwas über Frauen- und Männerstimmen, über das Passaggio, über extreme Register und „Belting".

Das Thema Register ist unter anderem deshalb so verwirrend, weil es keine Standardterminologie gibt. Sänger und Gesangsexperten verwenden oft dieselbe Bezeichnung für verschiedene Register oder aber verschiedene Bezeichnungen für dasselbe Register. Mit Hilfe der Informationen in diesem Kapitel kannst du herausfinden, wer über was redet.

Stimme oder Register?

Die ersten Gesangslehrer im Italien des siebzehnten Jahrhunderts glaubten, dass der Mensch zwei Stimmen besäße: eine im Kopf für die hohen Töne und eine in der Brust für den tiefen Bereich des Stimmumfangs. Die Begriffe *Kopfstimme* und *Bruststimme* stammen aus dieser Zeit. Obwohl sie irreführend sind, werden sie noch immer synonym mit den Begriffen *Kopfregister* und *Brustregister* verwendet.

Register

Wenn du deine höchsten Töne singst, vibrieren die Stimmlippen anders als beim Singen der tiefsten Töne. Wie in Kapitel 2 erwähnt, werden diese zwei unterschiedlichen Schwingungsarten meist als die zwei Hauptregister angesehen.

Passaggio

Von Registerübergang bzw. Passaggio spricht man, wenn die Stimmlippen von einem Modus in den anderen wechseln. Bei welchem Ton das passiert, ist von vielen Faktoren abhängig, zum Beispiel von dem Vokal, den du gerade singst, und davon, wie laut du singst. Das Passaggio kann auch ein paar Töne nach oben oder unten versetzt werden. Weiter unten findest du mehr dazu.

Brustregister

Das Register unterhalb des Passaggios wird meist *Brustregister* genannt. Es bezeichnet die tiefste Lage einer Stimme. Klassische Sänger setzen sie „hinter den Vorderzähnen" an. Der Klang ist voll und rund, und man kann in dieser Lage deutlich Vibrationen in der Brust spüren.

Kopfregister

Das Register oberhalb des Passaggios wird als *Kopfregister* bezeichnet. Bei der reinen Kopfstimmfunktion schwingen nur die Ränder der Stimmlippen, und der Klang hat relativ wenig „Kern". Häufig wird das männliche *Falsett* ebenfalls als Kopfstimme bezeichnet.

Mittelregister

Der Begriff Mittelregister bezeichnet die mittlere Lage einer Stimme. Klassische Sänger bezeichnen damit auch einen offenen, „vorn sitzenden", metallischen Ton; das Register, das den Stimmklang „kernig" macht. Einige Experten sehen die Mittelstimme nicht als eigenes Register an, sondern eher als Variante des Brustregisters. Die Übergänge sind ohnehin fließend.

Heller

Das Timbre in diesem Bereich ist zwischen Brust- und Kopfstimme angesiedelt: Es ist heller als im Brustregister, aber nicht so hell wie im Kopfregister.

Nicht schnell genug

An der Obergrenze dieses Bereichs musst du zum Kopfregister wechseln: Im Brustregister können die Stimmlippen nicht schnell genug vibrieren, um hohe Töne zu erzeugen.

Männer und Frauen

Klassische Stimmen verwenden – egal ob Männer oder Frauen – alle ihre Register und mischen sie unterschiedlich miteinander, je nachdem, in welcher Tonlage sie gerade singen. Bei nicht klassischen Sängern ist das anders. Sie verwenden oft nur Brust- oder Mittelregister und ziehen diese Stimmfunktionen möglichst weit hoch. Für die Spitzentöne werden meist andere Techniken, z. B. Belting (siehe Seite 90) angewandt.

Sprechstimmen

Sowohl Männer als auch Frauen sprechen normalerweise im Brustregister. Die meisten Männer sprechen in einer Tonhöhe etwa um das große A, Frauen ca. eine Oktave höher, um das kleine A, direkt unterhalb von C1 (Mittel-C).

Falsett

Das *Falsett* (wörtlich: *„falsche Stimme"*) ist eine Teilfunktion der vollen Stimme. Die Stimmlippen schwingen nicht mit ihrer gesamten Masse, sondern hauptsächlich (nicht ausschließlich!) an den Rändern. Die Stimmritze schließt dabei nicht vollständig. Sowohl Männer als auch Frauen verfügen über ein Falsett. Das weibliche Falsett wird allerdings meist als *Pfeifregister* bezeichnet. Die einzige klassische Männerstimme, die ausschließlich im Falsett singt, ist der *Kontratenor* (siehe Seite 97).

Nicht klassisches Falsett

Sowohl Sänger als auch Sängerinnen verwenden das Falsettregister auch im nicht klassischen Gesang – einige Sänger immer (z. B. die Bee Gees), andere als Effekt. Das nicht klassische Falsett klingt ganz anders als die klassisch geschulte Falsettstimme.

Nur ein Register

Der Bruch bzw. das Passaggio ist einer der am meisten gefürchteten Aspekte der Gesangstechnik. Es gibt verschiedene Möglichkeiten damit umzugehen (siehe Seite 21). Eine von ihnen ist, sich die Stimme als ein Instrument mit nur einem Register vorzustellen. Bei nur einem Register gibt es keinen Bruch. Die Einführung von Registern erzeugt Angst vor dem Passaggio, was das Risiko eines hörbaren Bruchs oft erhöht.

Übergänge

Ein weiterer Ansatz ist, völlig andere Begriffe zu verwenden und von *Resonanzbereichen* anstelle von Registern zu sprechen und von *Übergängen* anstelle von Brüchen.

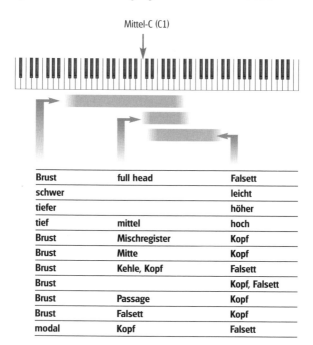

Mittel-C (C1)

Brust	full head	Falsett
schwer		leicht
tiefer		höher
tief	mittel	hoch
Brust	Mischregister	Kopf
Brust	Mitte	Kopf
Brust	Kehle, Kopf	Falsett
Brust		Kopf, Falsett
Brust	Passage	Kopf
Brust	Falsett	Kopf
modal	Kopf	Falsett

Dieselben Register, unterschiedliche Bezeichnungen. Einige Gesangstheorien betrachten das Mittelregister nicht als echtes „Register".

Zwei oder drei

Letztendlich unterscheiden die meisten Theorien zwischen zwei oder drei Hauptregistern. Die Verwirrung bei diesem Thema entsteht hauptsächlich durch die vielen verschiedenen Bezeichnungen für diese Register, wie auf den vorangehenden Seiten gezeigt.

Falsett oder Kopfregister?

Die Begriffe Kopfregister und Falsett werden am häufigsten diskutiert. Einige Fachleute verwenden sie synonym, andere verwenden den Begriff Kopfregister für Frauenstimmen und Falsett für Männerstimmen. Und einige verwenden den Begriff Kopfregister anstelle von Falsett. Manche sind mit dem Begriff Falsett, andere mit dem Gesang im Falsett überhaupt nicht einverstanden und sind der Meinung, es würde schrecklich klingen und außerdem die Stimme ruinieren … Auch hier entsteht die Verwirrung größtenteils wieder durch die unterschiedlichen Bezeichnungen für ein und dieselbe Sache.

REGISTER UND TIMBRE

Egal, wie viele Register es deiner Meinung nach gibt und wie du sie benennst, es gibt einen deutlichen Unterschied im Timbre zwischen den tiefsten und den höchsten Tönen. Eines der Hauptziele für die meisten Sänger ist, über den gesamten Stimmumfang hinweg mit einem möglichst einheitlichen Timbre zu singen: Verglichen mit den tiefen Tönen sollten die hohen nicht so klingen, als würden sie von jemand anderem gesungen. Außerdem solltest du jede Tonleiter auf- und abwärts singen und den Registerwechsel dabei so nahtlos wie möglich bewerkstelligen können.

Unterschiedliche Schwingungen

Die deutlich unterschiedlichen Timbres der beiden Hauptregister entstehen durch die verschiedenen Schwingungsarten der Stimmlippen im jeweiligen Register. Eine Erläuterung dieser komplizierten Unterschiede würde ein weiteres Buch füllen – daher sind hier nur die Grundlagen.

Brustregister

Im Brustregister ist die gesamte Masse der Stimmlippen beteiligt. Die Stimmlippen sind kurz, haben nur wenig Spannung; sie sind relativ dick und schlaff. Beim Singen höherer Töne geht es um die Erhöhung der inneren Spannung der Stimmlippen, d. h. der Spannung des Stimmmuskels (*Musculus vocalis*) in jeder Stimmlippe.

Kopfregister

Das Kopfregister hat ein ganz anderes Timbre: heller, dünner, mit weniger Volumen und einem geringeren dynamischen Umfang. Die Stimmlippen sind für die höheren Töne gestrafft und nur die Ränder schwingen.

Zahlen

Es gibt noch einen anderen Unterschied, den du vielleicht in der Literatur findest: den so genannten *Schließquotien-*

ten. In jedem Zyklus (die Stimmritze öffnet sich, ein Luftstrom entweicht, die Stimmritze schließt sich) ist die Stimmritze 50 % der Zeit geschlossen! Ein Beispiel: Wenn du das E1 singst, dauert ein Zyklus 3 Millisekunden. Im Brustregister ist die Stimmritze dann in jedem Zyklus 1,5 Millisekunden oder länger geschlossen. Im Kopfregister ist die Stimmritze pro Zyklus weniger als 40 % der Zeit geschlossen. Außerdem öffnet sie sich nicht so weit wie im Brustregister.

Die eine oder die andere

Laut einiger Experten können diese beiden Schwingungsarten der Stimmlippen nicht miteinander kombiniert werden. Entweder sie schwingen auf die eine oder auf die andere Art. Weiterhin behaupten sie, dass es einen Bereich gibt (den sie Mittelregister nennen), in dem man zwischen diesen beiden Arten wählen kann. Das hellere Timbre ist dann das Ergebnis geringfügiger Unterschiede in der Art und Weise, wie sich die Stimmritze öffnet und schließt. Außerdem sind die Stimmlippen etwas straffer – jedoch nicht so straff wie beim Kopfregister.

Gemischte Stimme?

Gemäß dieser Theorie (die auf wissenschaftlichen Beobachtungen bei klassischen und nicht klassischen Profi- und Amateursängern basiert) gibt es also keine *gemischte Stimme*. Andere Theorien verwenden diesen Begriff jedoch ungefähr für denselben Bereich zwischen Brust- und Kopfregister. Der Ausdruck „gemischte Stimme" wird auch noch in anderen Zusammenhängen benutzt (siehe Seite 91).

Festlegen

Um den Bereich festzulegen, in dem du sowohl im Brust- als auch im Kopfregister singen kannst, singst du am besten von deinem tiefsten Ton aufwärts, und zwar Ton für Ton, bis du zur Kopfstimme wechseln musst. Merke dir diesen Ton; es ist der höchste in diesem Bereich. Dann singst du, wieder Ton für Ton, von einem hohen Ton im Kopfregister an abwärts, bis du zum Brustregister wechseln musst. Dieser Ton ist der tiefste Ton deines „mittleren" Registers.

Ein bisschen mehr Luft

Um den Unterschied im Timbre zwischen Brust- und mittlerem Register zu hören, nimmst du am besten einen Ton, den du in beiden Registern singen kannst. Singe ihn zuerst mit Bruststimme und anschließend im mittleren Register, indem du ihm „ein bisschen zusätzliche Luft" gibst – ohne dass er gehaucht klingt.

Register und Timbre

Eine letzte Bemerkung: Jedes Register hat zwar sein eigenes charakteristisches Timbre, aber du kannst es natürlich in gewissem Maße beeinflussen. Du kannst dich im Brustregister fröhlich oder im Kopfregister traurig anhören etc. (siehe Resonanz und Timbre, Seite 54).

EXTREMREGISTER

Es gibt noch mehr Register als die bereits erwähnten. Zwei Extremregister sind das Schnarrregister (oder *Strohbass)* unterhalb des Brustregisters und das *Pfeifregister* (oder *Flageolettregister)* oberhalb des Kopfregisters.

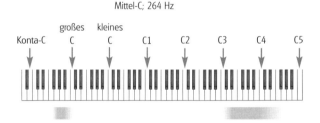

Die beiden Extremregister: Stroh- oder Schnarrbass und Pfeifregister.

Strohbass

Bei Frequenzen unter 70 Hz (ca. beim großen Cis) klingt die Stimme so, als ob man die einzelnen Luftimpulse zählen könnte, die durch die Stimmritze entweichen. Die Bezeichnungen Strohbass bzw. Strohregister und Schnarrbass bzw. Schnarrregister illustrieren den Klang dieser Lage, der durch eine flatternde Bewegung der Stimmlippen entsteht.

Pfeifregister

Das Pfeifregister (oder Flageolettregister) ist zwar nicht ganz so ungewöhnlich, aber man hört es auch nicht jeden Tag (Mozart: *Die Zauberflöte*, Königin der Nacht). Es gibt relativ wenige Sängerinnen, die dieses Register wirkungsvoll einsetzen können. Es ist so hoch, dass keine Texte gesungen werden können; man hört nur einen hohen, flötenähnlichen Ton. Der Klang ist eher flach, obwohl es ein paar Sängerinnen schaffen, ihm etwas Tiefe und Klangfarbe zu verleihen.

H2 und höher

Das Pfeifregister beginnt ungefähr beim H2 oder C3. Die Meinungen über den höchsten Ton im Pfeifregister gehen auseinander. Einige sagen um F3, andere C4 oder sogar C5 (der höchste Ton auf dem Klavier mit über 4.200 Hz!).

Pfeifregister bei Männern?

Obwohl das Pfeifregister meist ausschließlich Frauen zugeordnet wird, wird der Begriff in einigen Theorien auch für das höchste Register der männlichen Stimme verwendet.

PASSAGGIO

Das Passaggio markiert den Wechsel zwischen Brust- und Kopfregister. Die meisten Sänger sind auf einen nahtlosen Übergang zwischen den Registern und auf ein möglichst einheitliches Timbre bedacht. Das Passaggio wird auch als *Bruch*, *Registerübergang* oder *Registerwechsel* bezeichnet.

Nicht dran denken

Genau wie es sein kann, dass du falsch singst, wenn du zu sehr an die richtigen Töne denkst, kann dir das Passaggio mehr Probleme machen als nötig, wenn du zu viel daran denkst.

Keine Ahnung

Es gibt Sänger, die keine Ahnung haben, was Passaggio bedeutet, da sie sich nie Gedanken darüber gemacht haben. Generell sind Sängerinnen nicht so sehr vom Passaggio betroffen wie Sänger, und sie können leichter lernen, ihre Stimme auszugleichen.

Helleres Timbre, weniger Probleme

Auch scheinen Sänger mit einem helleren Timbre weniger
Schwierigkeiten zu haben als Sänger mit einem dunkleren:
Bässe haben meist mehr Probleme als Tenöre. Der Unter-
schied im Timbre zwischen den höchsten Tönen ihres
Brust- und den tiefsten Tönen ihres Kopfregisters ist eben-
falls viel größer.

Derselbe Bereich

Wie bereits erwähnt, tritt das Passaggio bei allen Stimmen – relativ zum Gesamt-Stimmumfang gesehen – ungefähr im selben Bereich auf. Bei Bässen und Altstimmen
liegt der Übergang meist um das D. Bei Bariton- und So-
pranstimmen kann er etwas höher liegen, um das E; bei
Tenören liegt er meist zwischen E und F.

Erweiterung des Brustregisters

Das Brustregister kann jedoch erweitert werden. Ein Tenor
sollte bis zum C2 singen können, bevor er zur Kopfstimme
wechselt, nicht klassische Sängerinnen bis zum D2 oder
sogar noch höher (Belting, siehe Seite 90).

Automatische Verschiebung

Das Passaggio kann bewusst verschoben werden, kann sich
aber auch aufgrund des Vokals, den du gerade singst, der
jeweiligen Lautstärke oder Melodierichtung automatisch
nach oben oder unten verschieben.

- Wenn du einen **geschlossenen Vokal** singst (einen Vokal,
  bei dem der Mund nur leicht geöffnet ist: „*I*" oder „*U*"),
  tritt das Passaggio meist etwas tiefer auf. Beim Singen
  eines **offenen Vokals**, z. B. „*A*", kann sich das Passaggio
  bis zu einer kleinen Terz nach oben verschieben (d. h.
  von D zu F).
- Wenn du **laut singst**, muss der Registerübergang nach
  oben verschoben werden.
- Wenn du eine Tonleiter **aufwärts singst**, liegt das Passaggio meist höher als wenn du sie **abwärts singst**.
- Der Registerwechsel kann sich auch **von Tag zu Tag** ändern und kann morgens tiefer liegen als später am Tag.
  Mit Hilfe von Übungen zu verschiedenen Tageszeiten
  kannst du diese Unterschiede herausfinden – und beeinflussen.

Überprüfen?

Um das oben Gesagte zu überprüfen, singst du einfach Tonleitern mit Passaggio auf verschiedene Vokale, singst lauter und leiser und singst die Tonleitern auf- und abwärts.

Kontrolle

Natürlich kannst du lernen, das Passaggio unter Kontrolle zu bringen, damit du es ein bisschen nach oben oder unten versetzen und beim Singen vermeiden kannst.

Nach oben schieben

Wenn du es übertreibst, kannst du in Schwierigkeiten kommen. Das Verschieben des Passaggios nach oben in einem Versuch, dein Brust- oder Mittelregister zu erweitern, kann die Stimme schädigen. Es ist so, als würdest du außerhalb deines Stimmumfangs singen. Es gibt jedoch auch Möglichkeiten der problemlosen Registererweiterung, wie du unten siehst.

Übungen

Es gibt viele Übungen zum Registerausgleich, von Glissandoübungen bis zum Singen kurzer Tonleiterausschnitte, die das Passaggio enthalten (jeder folgende einen Halbton höher als der vorige: zuerst C, D, E, F, G, dann Cis Dis, Eis, Fis, Gis etc.).

Mehr als eines

Einige Gesangsmethoden sprechen von zwei, drei, vier oder sogar fünf Passaggios – aber das Ziel ist immer, die verschiedenen Register miteinander zu verschmelzen.

BELTING

Einige nicht klassische Musikstile erfordern laute, hohe Töne und verständliche Texte. Die Antwort ist eine Technik namens *Belting*.

Nicht nur Broadway

Belting wird zwar oft mit Sängerinnen in Broadway-Musicals in Verbindung gebracht, ist aber auch in vielen anderen Musikrichtungen üblich, von Gospel über Rock, Pop und Jazz bis hin zu Folk.

Auch Männer

Einige Experten behaupten, Belting sei ausschließlich Frauen vorbehalten, andere sagen, es gäbe auch viele männliche „Belter", von Al Jolson bis Bill Haley und sogar Frank Sinatra.

Ein Register?

Belting ist eine Technik, kein Register. Trotzdem hat es so viel mit der Erweiterung des tiefen Registers zu tun, dass es in diesem Kapitel besprochen wird.

Viele Definitionen

Es gibt viele Definitionen von Belting. Beschreibungen sind u. a. „aus dem Bauch heraus singen", gefahrlos laut singen, mit hohem Kraftaufwand singen, gute Tragfähigkeit, hart, dynamisch, bestimmt, dröhnend, gellend. In allen Fällen ist das Vibrato begrenzt.

Stark, viel und hoch

Belting ist Gesang mit einer starken Atemstütze, viel Luft und einem hohen Kehlkopf, um die Lautstärke zu erhöhen. Einige Experten fügen dieser Definition noch eine bestimmte Art der Formantabstimmung (siehe Seite 63 und 65) hinzu. Daraus folgt: Einige bezeichnen es als Belting, andere nicht.

Hochtreiben

Der Begriff Belting hat eine kraftvolle Komponente, d. h. die Notwendigkeit, die Stimme über einen bestimmten Punkt zu treiben oder die Grenzen des Brustregisters mit Gewalt zu verschieben. Es scheint, als würden einige Experten aus diesem Grund vor dieser Technik warnen, da sie ihrer Meinung nach die Stimme ruiniert. Andere mögen aus demselben Grund den Begriff selbst nicht und verwenden andere Bezeichnungen. *Gemischte Stimme* ist eine davon – was zur allgemeinen Verwirrung beiträgt.

C2 und höher

Warnungen vor Belting kommen oft aus klassischen Gesangsmethoden, wo es unüblich ist, dass Sängerinnen das reine Brustregister so extrem hochziehen. Trotzdem können *hohe Belter* bis zum C2, D2 oder sogar E2 singen, *tiefe Belter* etwa bis zum G1.

Höheres Risiko

Die Kombination aus hohem Kraftaufwand, hohem Kehlkopf und hohen Tönen erfordert in der Tat eine gute Kontrolle und die richtige Technik. Schlechtes Belting kann ein höheres Risiko bergen als weniger anspruchsvolle Techniken – viele (Broadway-)Musical-Sänger setzen diese Technik jedoch jahrelang ein.

Legit voices

Belting wurde schon immer mit Broadway-Musicals in Verbindung gebracht. Oft kommen in den Musicals allerdings weibliche Rollen vor, die einen mehr klassischen Stimmklang erfordern. Broadwaysänger bezeichnen dies als *legit voices* oder *legitimate voices*. Diese Stimmen unterscheiden sich jedoch von den traditionellen Opernstimmen.

6. STIMMGATTUNG UND TONUMFANG

Wie einige Musikinstrumente – Saxophone zum Beispiel – werden auch Sänger gemäß ihrem Stimmumfang und Timbre eingeteilt. Diese Einteilung wird zwar hauptsächlich im klassischen Gesang und in Chören vorgenommen, doch können auch andere Sänger profitieren, wenn sie etwas über dieses Thema wissen. Der zweite Teil dieses Kapitels enthält Informationen über den Umfang der Singstimme, wie er bestimmt wird und ob er erweitert werden kann.

Es gibt natürlich einen wesentlichen Unterschied zwischen der Einteilung von Saxophonen und der menschlichen Singstimme: Saxophone werden in bestimmten Größen mit einem bestimmten Tonumfang hergestellt. Menschen nicht. Es gibt typische Tenorstimmen, typische Sopranistinnen etc., aber es gibt auch viele Sänger, deren Stimme irgendwo zwischen den Hauptkategorien angesiedelt ist. Ein Gesangslehrer oder Chorleiter kann dir bei der Bestimmung deiner Stimmlage helfen.

Angenehm

Deine Stimmlage wird hauptsächlich bestimmt durch den Bereich, in dem du dich beim Singen am wohlsten fühlst – der Bereich, in dem deine Stimme am besten klingt und in dem du am meisten Kontrolle über sie hast – mit einer guten Dynamik, Kraft, Musikalität, Überzeugung und, für klassische Sänger, Tragfähigkeit.

Extremtöne

Es geht also nicht um die allertiefsten und allerhöchsten Töne, die du singen kannst. Diese Extremtöne werden auf der Bühne selten gesungen. Der Stimmumfang, den du tatsächlich benutzt, ist deutlich kleiner.

Warum?

Warum solltest du deine Stimmgattung kennen? Weil sie etwas über deinen aktiven Stimmumfang aussagt, und weil singen außerhalb dieses Umfangs schädlich sein kann und weniger Spaß macht.

Timbre

Wie der Stimmumfang spielt auch das Timbre eine wichtige Rolle bei der Bestimmung der Stimmgattung. Ein Bariton kann sehr wohl in der Lage sein, im selben Umfang wie ein typischer Bass zu singen, doch hat der Bariton ein helleres Timbre.

Überschneidungen

Die Abbildung auf der nächsten Seite zeigt deutliche Überschneidungen in den Umfängen der verschiedenen Stimmgattungen. Selbst die allertiefste Männerstimme und die allerhöchste Frauenstimme haben einen gemeinsamen Bereich von einer Quarte (oder sogar einer Oktave, wenn man das Falsett des Basses mit einbezieht).

Anders

Natürlich klingt das Mittel-C bei einem Bass anders als bei einem Sopran: Das Mittel-C liegt im höchsten Bereich des Basses und im tiefsten Bereich des Soprans. Und wenn der Bass ins Falsett wechselt, um noch höher zu gehen, klingt es wieder anders.

Die Hauptstimmgattungen

Die vier Hauptstimmgattungen sind Bass, Tenor, Alt und Sopran: eine tiefere und eine höhere Männerstimme sowie eine tiefere und eine höhere Frauenstimme. Dies sind jedoch nicht die einzigen. Es gibt zum Beispiel auch Kontraalt, Mezzosopran und Bariton.

Die genauen Töne?

In vielen Büchern zum Thema Gesang werden die Umfänge der verschiedenen Stimmgattungen angegeben. Wie du jedoch sehen wirst, gehen die Meinungen über die genauen tiefsten und höchsten Töne für die einzelnen Stimmla-

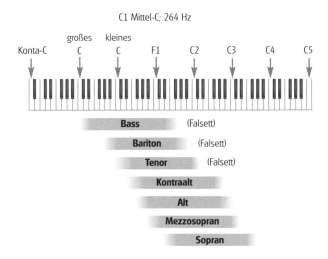

Durchschnittlicher Stimmumfang verschiedener Stimmgattungen.

gen auseinander. So wird zum Beispiel der Stimmumfang eines Tenors manchmal vom kleinen E bis C2 angegeben, manchmal wird jedoch unten noch eine Quinte hinzugefügt, sodass er beim großen A beginnt. Der Stimmumfang eines Mezzosoprans endet etwa beim A2 oder C3 oder sogar noch höher. In der Abbildung oben wurden die Notennamen weggelassen, um die Verwirrung nicht noch zu vergrößern.

Eine Oktave

Der Unterschied zwischen der tiefsten Männer- und Frauenstimme (Bass und Kontraalt) beträgt etwa eine Oktave – genau wie der Unterschied zwischen der höchsten Männer- und Frauenstimme. Für einen Tenor ist das hohe C das C2, für einen Sopran das C3, d. h. eine Oktave höher. Beachte, dass die Sprechstimmen von Männern und Frauen ebenfalls etwa eine Oktave auseinander liegen!

Die meisten Sänger

Die meisten Sänger sind Baritone, sowohl in der klassischen als auch in der nicht klassischen Musik. Umfang und Timbre dieser Stimmgattung liegen zwischen Bass und Tenor. In der nicht klassischen westlichen Musik singen die meisten Sängerinnen Alt oder Mezzosopran.

Tenormangel

In vielen Chören fehlen Tenöre. Daher werden oft Baritone, vor allem solche mit relativ hellem Timbre, gebeten, Tenor zu singen. In anderen Chören werden Mezzosoprane um dasselbe gebeten. Wie bereits erwähnt, birgt es gewisse Risiken, außerhalb seines Stimmumfangs oder meistens in den Extremlagen zu singen. Sänger in einer Lage singen zu lassen, die ihnen nicht entspricht, trägt außerdem nicht gerade zu einem guten Chorklang bei.

Erste und zweite

In Chören werden die einzelnen Stimmgattungen oft in zwei kleinere Gruppen unterteilt, z. B. in den *ersten Alt* (höher) und den *zweiten Alt* (tiefer), etc.

Oper

In der Oper ist die Einteilung der Stimmen sogar noch vielfältiger: Es gibt etwa fünfundzwanzig verschiedene *Stimmfächer*. Die allerhöchste Opernstimme ist der *Koloratursopran*, eine helle, flexible Stimme mit einem Umfang bis etwa zum F3. Das andere Extrem ist der *Basso serioso* („ernster Bass"). Wenn du beide in einer einzigen Oper hören willst, solltest du dir *Die Zauberflöte* von Mozart anhören.

Lyrisch, dramatisch, buffo, spinto

In der Oper werden die Hauptstimmgattungen in etwas präzisere Kategorien, so genannte *Stimmfächer* eingeteilt. So kann zum Beispiel ein Sopran oder Tenor entweder *lyrisch* oder *dramatisch* sein. Lyrische Stimmen haben ein helleres und flexibleres Timbre, der dramatische Typ klingt dunkler und schwerer. Andere Zusätze sind *buffo* („komische" Stimme) und *spinto* (etwas dunkler als lyrisch).

Die richtige Stimme für die Rolle

In den meisten Filmen kann man die Guten oft leicht von den Bösen und die Reichen von den Armen unterscheiden. In der Oper kann man solche Unterschiede oft genauso leicht *hören*: Der Held wird zum Beispiel oft von einem *Heldentenor* gesungen. Die Gräfin hat eine gewichtigere Stimme als ihre Zofe, auch wenn beide Soprane sind.

Kontratenor

Kontratenöre (oder *Countertenöre*) sind Sänger, die ausschließlich im Falsett singen. Ihr Stimmumfang reicht meist vom kleinen G bis zum G2, manchmal sogar bis zum C3, dem hohen C der Sopranstimme. Sie singen oft die Rollen der *Kastraten* in der Renaissance- und Barockmusik des siebzehnten und achtzehnten Jahrhunderts, obwohl sie ein anderes Timbre haben. Mehr über Kastraten findest du in Kapitel 10.

Altus: ein männlicher Alt

Viele Fachleute verwenden lieber den Begriff *Altus* als Kontratenor, um zu verdeutlichen, dass es sich um einen männlichen Alt und nicht um einen Tenor handelt.

Stimmlage und Alter

Mit zunehmendem Alter wird die menschliche Stimme oft dunkler. Daher müssen Sänger manchmal das Stimmfach wechseln, zum Beispiel von den lyrischen Rollen, die sie am Anfang ihrer Karriere singen, zu dramatischen Rollen.

STIMMUMFÄNGE

Sowohl das Timbre als auch der Stimmumfang werden durch die Größe der Stimmlippen, die Kehlkopfgröße und andere Faktoren bestimmt. Durch guten Unterricht kannst du deinen Umfang vielleicht um einige Töne erweitern oder zumindest deine Extremlage und deren Timbre besser unter Kontrolle bringen.

Wie lang?

Männerstimmen klingen hauptsächlich deshalb tiefer, weil die Stimmlippen länger sind. Bei einem Mann sind die Stimmlippen etwa bis zu 22 mm lang, bei einer Frau etwa 10 mm kürzer. Vielleicht findest du in anderen Büchern etwas andere Zahlen, je nachdem, wie die Stimmlippen gemessen wurden.

Stimmlippen des Mannes in Originalgröße.

Schwer oder leicht

Auch Unterschiede in der Masse der Stimmlippen spielen eine Rolle: Schwerere Stimmlippen können tiefere Töne erzeugen als leichtere. Sie erzeugen auch ein dunkleres Timbre. Leichtere Stimmlippen heben auch die lyrischen Eigenschaften einer Stimme hervor.

Spannung

Der Stimmumfang hat auch etwas mit der inneren Spannung der Stimmlippen zu tun. Wenn du eine tiefe Stimme hast, haben die Stimmlippen eine geringe innere Spannung.

Kehlkopf

Die Kehlkopfgröße ist ein weiterer Faktor, der bei der Bestimmung des Stimmumfangs eine Rolle spielt. Der Kehlkopf des Mannes mit seinem vorstehenden Adamsapfel ist größer als der Kehlkopf der Frau.

Passt nicht

In einigen Fällen „passen" die verschiedenen Abmessungen eines Stimmapparates nicht zusammen. Du kannst zum Beispiel ein Baritontimbre, aber den Tonumfang eines Tenors haben. Dadurch können deine Möglichkeiten in der klassischen Musik eingeschränkt sein. Im nicht klassischen Bereich wird die Musik einfach deiner Stimme angepasst.

Sorgfältige Beurteilung

Natürlich geht es bei der Einteilung von Stimmen nicht um deren Abmessungen, sondern um eine sorgfältige Beurteilung durch einen Lehrer, einen Chorleiter oder einen anderen Experten.

Großer und kleiner Stimmumfang

Als Sänger bist du mit einem kleinen Stimmumfang und einer guten Stimme oft besser dran als mit einem gigantischen Umfang, den niemand hören will. Wie die Abbildung auf Seite 95 zeigt, beträgt der durchschnittliche Stimmumfang etwa zweieinhalb bis drei Oktaven. Es gibt zwar Sänger mit einem größeren Stimmumfang, aber die sind selten. Nicht klassische Sänger kommen mit einem wesentlich kleineren Umfang zurecht und suchen sich Songs

aus, die innerhalb dieses Umfangs gesungen werden können, oder sie bearbeiten die Songs so, dass das möglich ist.

Verschiedene Tonarten

Die meisten nicht klassischen Songs von Jazz bis Rock las-
sen sich mit einem Stimmumfang von eineinhalb Oktaven
singen. Viele Songs umfassen nicht mehr als eine Oktave.
Kommst du also mit einem so kleinen Stimmumfang aus?
Ja, aber durch eine Erweiterung deines Bereichs kannst du
Songs in verschiedenen Tonarten singen. Außerdem hast
du mit zusätzlichen Tönen mehr Möglichkeiten, einen
Song zu verzieren und auszugestalten.

Auch in der klassischen Musik

In vielen klassischen Stücken beträgt der Tonumfang auch
nicht mehr als eineinhalb Oktaven – aber die Töne, die
ober- und unterhalb dieses Bereichs benötigt werden, sind
oft entscheidend.

Erweiterung deines Stimmumfangs

Um wie viel dein Stimmumfang erweitert werden kann, ist
schwer zu sagen. Einige ungeschulte Sänger haben einen
sehr kleinen Stimmumfang, der um eine halbe Oktave oder
mehr erweitert werden kann. Andere haben von Natur aus
einen großen Stimmumfang, der nicht mit zusätzlichen
Tönen erweitert werden kann – man kann jedoch die
Stabilität der Grenztöne verbessern. Das Üben bis zu den
Grenztönen deines Stimmumfangs trägt außerdem dazu
bei, dass die anderen Töne natürlicher klingen.

Höher oder tiefer

Bei der Erweiterung des Stimmumfangs geht es meist um
zusätzliche hohe Töne. Viele Sänger wissen, dass ihr Umfang morgens nach unten erweitert ist: Beim Aufwachen
kannst du wahrscheinlich tiefere Töne singen als etwas
später. Die ganz tiefen Töne sind das Ergebnis völliger Entspannung der Stimmlippen. Je schlaffer sie sind, desto tiefer sind die Töne, die sie erzeugen.

Kein Stimmumfang

Es gibt auch Sänger, die morgens einen viel kleineren
Stimmumfang haben. Oft müssen die Stimmlippen erst
aufgewärmt werden (siehe Seite 34).

Nicht klassische Sänger

Bittet man zehn nicht klassische Sängerinnen, einen Song in ihrer Lieblingstonart zu singen, fangen die meisten auf etwa derselben Tonhöhe an. Bittet man zehn nicht klassische Sänger dasselbe, kann es sein, dass einer eine ganze Oktave höher oder tiefer beginnt als der nächste. Wie kommt das? Sowohl nicht klassische Sänger als auch Sängerinnen singen meist im Brustregister, und Sängerinnen haben in diesem Register einfach einen kleineren Stimmumfang (eine Oktave anstelle von zwei), sie haben demnach nicht so viele Möglichkeiten.

Kinder

Kinder haben sehr kurze Stimmlippen, und ihr Umfang ist meist begrenzt: bei Jungen etwa vom kleinen A bis zu A1, bei Mädchen von D1 bis D2.

Was wird aus ihnen?

Kinderstimmen geben keine verlässlichen Hinweise auf die künftige Stimmgattung. Ein Junge mit einer tiefen Stimme kann Tenor werden, Mädchen mit einer hohen Stimmen werden vielleicht später Altistinnen. Aus Kindern, die fürchterlich falsch singen, wenn sie noch klein sind (unter acht), können später einmal gute Sänger werden – es sei denn, man hält sie davon ab, weil sie sich noch nicht gut anhören.

7. PFLEGE DER STIMME

Die Singstimme ist ein sehr empfindliches Instrument. Sie ist außerdem das einzige Instrument, das nicht ersetzt werden kann, wenn es kaputt ist. An einer guten Stimme kann man nur dann dauerhaft Freude haben, wenn man richtig damit umgeht.

Im ersten Teil dieses Kapitels geht es darum, wie man stimmliche Probleme verhindern kann. Der zweite Teil befasst sich mit einigen bekannten Stimmproblemen und deren Behandlung. Diese Teile überschneiden sich häufig: Was man zur Heilung von Stimmproblemen tun kann, ist oft identisch mit dem, was man zur Vorbeugung hätte tun können.

Was man (nicht) tun sollte
Der erste Teil sieht zwar aus wie eine Liste mit Dingen, die man tun und die man lassen sollte, ist es aber nicht. Schau einfach hinein, wenn du Probleme hast: Vielleicht findest du die Ursache oder eine Lösung.

Mehr
Je mehr du singst, desto mehr solltest du zur Erhaltung deiner Stimme tun. Wenn du zweimal pro Woche eine Stunde lang singst, besteht wahrscheinlich kein Grund, deine Ernährung oder andere Gewohnheiten umzustellen – obwohl selbst diese geringe zusätzliche Anstrengung deinen Stimmapparat aus dem Gleichgewicht bringen kann.

Plötzlich
Stimmprobleme können auch ganz plötzlich auftreten, als Ergebnis von etwas, das du seit Jahren tust. Rauchen zum

Beispiel. Oder Milch trinken, um etwas zu nennen, das wesentlich harmloser klingt.

Wasser und Ruhe

Wasser und Ruhe scheinen oft die beiden wichtigsten Dinge für die Pflege der Stimme, zur Vorbeugung und bei der Erholung von vielen verschiedenen Stimmproblemen zu sein. Wasser ist überall erhältlich, billig und mehr als nur deiner Stimme dienlich. Ruhe ist etwas schwerer zu definieren – nicht nur für Profisänger, sondern auch für Leute in anderen Berufen, in denen die Stimme gefordert wird (z. B. Lehrer, Verkaufspersonal, etc.). Ruhe vermag etwas, was Medikamente nicht können – also solltest du sie dir einfach gönnen.

VORBEUGUNG

Trink viel Wasser, gönn deinen Stimmlippen genügend Ruhe, lern eine gute Gesangstechnik, sprich gut, atme richtig, höre auf zu rauchen, mach vor dem Singen Aufwärmübungen, beuge Infektionen der oberen Atemwege vor, vermeide Alkohol, scharfes und schweres Essen … Das ist der erste Teil in der Kurzfassung.

Gesunde Ernährung

Wenn du dich nicht gesund ernährst, kannst du nicht viel für die Gesundheit deiner Stimme tun. Du brauchst keine spezielle Ernährung; achte einfach darauf, dass du genügend Vitamine, Mineralstoffe etc. zu dir nimmst. Im Zweifelsfall kannst du einen Ernährungsberater fragen.

Voller oder leerer Magen

Singen mit vollem Magen kann genauso anstrengend sein wie mit leerem. Oft wird empfohlen, nicht später als zwei oder drei Stunden vor einem Auftritt zu essen. Beachte, dass einige Nahrungsmittel wesentlich schneller verdaut werden als andere.

Wasser

Eines der wenigen Dinge, über die sich Sänger aller Gesangsrichtungen einig sind, ist, dass man viel Wasser trinken sollte, wobei viel etwa zwei bis drei Liter pro Tag bedeutet. Dass du genug Wasser trinkst, merkst du an der blassen Farbe des Urins. Wasser ist außerdem das beste Getränk auf der Bühne und in den Pausen.

Zimmertemperatur
Das Wasser sollte Zimmertemperatur haben und ohne Eis getrunken werden: Die Stimmlippen mögen keine heißen oder kalten Getränke. Viele Sänger trinken am liebsten Quellwasser.

Inhalator
Einige Sänger benutzen einen Dampfinhalator, jedoch meist nur dann, wenn sie Probleme haben oder in einem verrauchten Raum gesungen haben. Man kann auch etwas Aromaöl ins Wasser geben.

Luftbefeuchter
Wenn du mit offenem Mund schläfst und häufig mit einem trockenen Hals aufwachst, kann ein Luftbefeuchter im Schlafzimmer helfen. Wenn möglich, sollte ein Fenster offen sein, um frische Luft hereinzulassen. Klimaanlagen senken die Luftfeuchtigkeit!

Ruhe
Ruhe ist oft zwingend notwendig, wenn du Probleme mit der Stimme hast, kann aber auch vorbeugend wirken. Nach einem Auftritt solltest du zum Beispiel nicht zu viel sprechen und nachts gut schlafen. Außerdem solltest du auch vor einem Auftritt nicht zu viel sprechen.

Auf der Bühne
Gönn deiner Stimme auch auf der Bühne etwas Ruhe. Entspanne den Stimmapparat bewusst, wenn du nicht singst (Pause, Gitarrensolo, Instrumentalstück), atme richtig und sprich zwischen den Sets nicht zu viel, vor allem, wenn du gegen die Pausenmusik anreden musst.

Zwei Wochen
Zu viel Ruhe kann sich ebenfalls negativ auswirken. Einige Sänger können nach einem zweiwöchigen Urlaub sofort wieder singen, andere müssen ihre Stimme erst langsam wieder aufbauen, wenn sie Schäden vermeiden wollen. Viele (Profi-)Sänger üben auch während des Urlaubs weiter.

Technik

Eine der besten Möglichkeiten Stimmprobleme zu vermeiden ist eine gute Technik. Ungeübtes Singen ist eine der Hauptursachen für Heiserkeit, Halsschmerzen und andere Probleme. Eine gute Gesangstechnik hingegen kann sogar einige Beschwerden lindern – von Kurzatmigkeit bis hin zu Kopf- und Rückenschmerzen.

Starke Stimme

Einige Menschen haben stärkere Stimmen als andere. Starke Stimmen leiden nicht so sehr unter Austrocknung, Überanstrengung, Milch, Alkohol oder Rauchen wie schwächere, und sie erholen sich schneller, wenn etwas schief geht. Diese Belastbarkeit kann aber auch zu Leichtsinn verleiten, denn selbst die stärkste Stimme kann plötzlich und unerwartet Schaden nehmen.

Gutes Sprechen

Verschiedene Stimmprobleme sind die Folge einer falschen Anwendung der Sprechstimme. Viele Leute, ob Sänger oder nicht, sprechen zu tief für ihren Stimmapparat. Wenn deine Sprechstimme nicht klar klingt, gehörst du wahrscheinlich dazu. Andere wiederum sprechen zu hoch. Wenn du denkst, du passt in eine dieser Kategorien, solltest du einen Sprachtherapeuten (Logopäden) aufsuchen.

Zu laut, zu leise

Es ist offensichtlich, dass zu lautes Sprechen die Stimme schädigen kann, daher solltest du laute Partys, Bars, Clubs und andere Orte meiden, wo du laut sprechen musst. Schreien ist noch schlimmer. Leises Sprechen kann genauso schädlich sein: Flüstern ist schlecht!

Dein Stimmumfang

Vermeide das Singen außerhalb deines Stimmumfangs bzw. zu langes Singen in den Grenzbereichen. Wenn möglich, solltest du die Musik deiner Stimme anpassen (siehe Seite 71). Wenn du in einem Chor singst, solltest du darauf achten, dass du in der richtigen Gruppe bist: Die richtige Einteilung der Stimme ist von größter Wichtigkeit.

Deine Stimme

Lerne deine Stimme und *deinen* Klang kennen, anstatt die Stimme deines Lieblingssängers nachzuahmen. Singe nicht lauter, als du solltest. Wenn deine Stimme aufgrund der Lautstärke der anderen Sänger in einem Chor nicht mehr zu hören ist, solltest du den Chorleiter oder einen Lehrer aufsuchen. Und wenn du deine Stimme in einem Bandmix nicht hören kannst, solltest du nicht einfach den Monitor lauter stellen (siehe Seite 72).

Gute Atmung

Auf Seite 22–23 wurden mehrere Atemtechniken besprochen. Wende diese Tipps nicht nur beim Singen an. Eine dauerhafte gute Atmung kann verschiedene Stimmprobleme verhindern und hat positive Auswirkungen auf den Stresspegel.

Stress und Wut

Emotionale Ausgeglichenheit ist für Sänger ebenfalls wichtig. Stress, Angst, Anspannung, Unsicherheit, Trauer, Wut und Frustration können viele verschiedene Stimmprobleme zur Folge haben, vom falschen Singen bis zu Halsschmerzen.

Nicht rauchen

Rauchen trocknet aus, reizt die Schleimhäute, kann Schwellungen der Stimmlippen und verschiedene tödliche Krankheiten verursachen.

Einige rauchen

Einige Sänger geben das Rauchen nicht auf, da sie glauben, es würde ihrer Stimme eine besondere Qualität verleihen. Das stimmt wahrscheinlich auch – aber der Preis dafür kann sehr hoch sein.

Nicht husten

Rauchen und andere Reizstoffe – von Puderzucker, Tierhaaren und staubigen Bühnenböden bis zu einer Erkältung, bei der Schleim auf den Stimmlippen zurückbleibt – können Husten verursachen, der schädlich für die Stimmlippen ist: Beim Husten werden die Stimmlippen fest geschlossen und dann plötzlich „explosionsartig" geöffnet – wie beim harten Einsatz. Mit diesen Explosionen versuchen die Stimmlippen die Fremdkörper loszuwerden. Es ist jedoch besser, sie „wegzusummen". Auf Seite 77 findest du weitere Informationen zu dieser Technik.

Künstlicher Rauch

Wenn auf der Bühne künstlicher Rauch erzeugt wird, solltest du ihn möglichst nicht einatmen.

Kontrolluntersuchung

Wenn du viel singst, solltest du regelmäßig zu einem HNO-Spezialisten (Hals-Nasen-Ohren-Arzt) zur Kontrolle gehen, um zu sehen, dass nichts schief läuft.

Aufwärmen

Singen ist Leistungssport für Stimmlippen und Kehlkopf. Konsequentes Aufwärmen des Stimmapparates vor dem Singen beugt vielen Problemen vor und fördert die Entwicklung der Stimme.

Aufwachen, Aufwärmen

Es gibt viele verschiedene Aufwärmübungen. Für Amateure können schon ein paar davon vor jedem Singen bzw. vor jedem Auftritt reichen. Profis machen oft mehr.

Beim Frühstück oder unter der Dusche

Einige betrachten das Frühstück als erste Aufwärmübung des Tages. Kauen und Schlucken sind sehr gute Möglichkeiten, um den Stimmapparat aufzuwecken. Andere Sänger fangen unter der Dusche an, indem sie die Stimme mit Summen und anderen energiesparenden Übungen aufwärmen. Seufzen in verschiedenen Tonlagen ist eine weitere effektive Aufwärmübung am Morgen.

Eine Stunde oder zehn Minuten

Wie lange du die Stimme vor einem Auftritt oder einer Probe aufwärmen solltest, hängt von verschiedenen Dingen ab. Einige Fachleute sagen, zehn Minuten würden reichen, andere plädieren für mindestens eine halbe Stunde. Professionelle Sänger wärmen die Stimme meist länger auf als Mitglieder eines Amateurchors. Wenn du älter wirst, musst du die Stimme vielleicht länger aufwärmen.

Summen, sss, Gleiten und Schwelltöne

Beliebte Aufwärmübungen sind beispielsweise Summen, das Singen langer, stimmhafter Konsonanten (sss, www), Tonleitern und Glissandoübungen, *messa di voce* (siehe Seite 67) und alle möglichen Einsingübungen. Du solltest immer langsam und in einer angenehmen Tonhöhe anfangen und von da aus weitermachen. Es gibt zahlreiche Bücher, in denen du weitere Beispiele für Gesangsübungen findest. Du solltest auch überlegen, dir einen Lehrer zu suchen, um herauszufinden, was am besten für dich ist: Bücher kennen dich nicht.

Kassetten

Anstatt zu summen oder irgendetwas zu singen, verwenden viele Sänger spezielle Kassetten oder CDs mit verschiedenen Aufwärmübungen, Tonleitern etc.

Abkühlen

Ähnliche Übungen gibt es auch zum Abkühlen der Stimme nach einem Konzert.

Dein Körper

Viele Sänger machen mehr als nur Gesangsübungen. Sie lockern Zunge und Kiefer, massieren den Kiefer, sie entspannen Kopf, Schultern, Rücken, Rippen, Arme und Beine; einige machen auch Yogaübungen. Je weniger Spannung im Körper ist, desto besser klingst du.

Nicht singen – oder aufwärmen

Wenn die Stimme schmerzt, singst du am besten gar nicht. Wenn du jedoch singen musst, solltest du die Stimme auf jeden Fall aufwärmen. Das Aufwärmen dauert zwar vielleicht länger, aber in schlechter Verfassung mit einer „kalten" Stimme zu singen vergrößert den Schaden garantiert.

Infektionen der oberen Atemwege vermeiden

Wohl jeder versucht, eine Kehlkopf- oder Nasennebenhöhlenentzündung sowie andere Infektionen der oberen Atemwege zu vermeiden: Infektionen sind nicht nur schlecht für die Stimme, sondern auch für das Allgemeinbefinden. Wenn du merkst, dass du eine Infektion bekommst, solltest du noch mehr Wasser trinken und deine Ernährung vielleicht durch zusätzliche Vitamin- oder Mineralstoffpräparate ergänzen. Tipps bekommst du in der Apotheke oder von anderen Fachleuten. Wenn du häufig unter Infektionen der oberen Atemwege leidest, solltest du zum Arzt gehen.

Essen und Trinken

Einige Sänger können ihre Stimme schon mit einem Schokoriegel oder einem Glas Milch ruinieren; andere können eine schwere, scharfe Mahlzeit mit Eis als Nachspeise essen und trotzdem noch gut singen. Hier sind ein paar Lebensmittel und Getränke, die beim Singen hinderlich sein können.

- Die Stimmlippen mögen keine heißen und kalten Getränke. Noch einmal: Wasser sollte am besten **Zimmertemperatur** haben. Kein Eis!
- **Zitronensaft** kann zwar schleimlösend wirken, kann aber auch den Hals reizen.
- **Schwere Mahlzeiten**, und dazu gehören die meisten Fast-Food-Gerichte, fördern gutes Singen nicht gerade.
- **Scharfe Gerichte** können die Stimmlippen reizen und den Säuregehalt im Magen erhöhen, was besonders schlecht ist, wenn du an Reflux (siehe Seite 115) leidest. Alkohol, Schokolade, Kaffee, Tee (ausgenommen Kräutertee) und Limonade können dieselbe Wirkung haben.
- **Nüsse und Puderzucker** können Hustenreiz auslösen; und Husten ist schlecht für die Stimmlippen.
- **Milchprodukte** (einschließlich Käse und Schokolade) können die Schleimproduktion erhöhen.
- **Orangensaft, Alkohol und Zucker**, für einige Menschen auch **Brot**, können dieselbe Wirkung haben. Beachte, dass viele Lebensmittel und Getränke sowie auch einige Husten- und Halsbonbons Zucker enthalten.
- **Alkohol** trocknet aus, vor allem am nächsten Tag, und kann eine Schwellung der Stimmlippen verursachen. Alkohol kann auch die Sinne betäuben, sodass du nicht merkst, dass du z. B. zu laut oder zu hoch singst. Die Kombination aus Alkohol und Zigaretten ist wahrscheinlich das Schlimmste, was du machen kannst.
- **Kaffee und Tee (ausgenommen Kräutertee)** trocknen ebenfalls aus. Du kannst dem entgegenwirken, indem du zu jeder Tasse Kaffee oder Tee ein Glas Wasser trinkst. Das gilt zwar auch für Alkohol, hebt aber dessen betäubende Wirkung nicht auf.

- Von **Limonade** musst du aufstoßen, und sie verursacht ein Völlegefühl, das die Atmung behindert.
- Leidest du oft an einem trockenen Hals? Dann solltest du weniger **Salz** zu dir nehmen (und beachten, dass mehr Produkte Salz enthalten als du vielleicht denkst).

Medikamente und Präparate zur Nahrungsergänzung

- **Antihistaminika** (zur Behandlung verschiedener Allergien) trocknen aus, genauso wie bestimmte Hals- und Hustenbonbons.
- **Andere Medikamente**, die sich auf den Stimmapparat auswirken können, sind zum Beispiel Antibabypillen sowie verschiedene Hormonpräparate und Steroide.
- Wie Alkohol können auch so genannte **Freizeitdrogen** das Bewusstsein trüben – abgesehen von deren anderen Auswirkungen und der Tatsache, dass sie illegal sind.
- Du kannst auch **Vitamin-** und **Mineralstoffpräparate** oder Mittel zur **Stärkung der Abwehrkräfte** (Echinacea ist sehr beliebt) nehmen, obwohl das bei gesunder Ernährung eigentlich nicht notwendig ist. Einige dieser Mittel können die gegenteilige Wirkung haben. So kann zum Beispiel **Vitamin C**, das gut für das Immunsystem ist, bei zu hoher Dosierung austrocknend wirken.
- Bei diesen Fragen geht nichts über einen persönlichen Rat. Wenn du wissen möchtest, was gut für dich ist, solltest du einen **Arzt** oder **Apotheker** fragen.

SYMPTOME UND BEHANDLUNGS-MÖGLICHKEITEN

Einigen der im folgenden Abschnitt besprochenen Symptome kann man mit einer gesunden Lebensweise vorbeugen. Andere treten überwiegend bei Sängern auf sowie bei Menschen, die ihren Stimmapparat sehr beanspruchen. Letzteren kann man hauptsächlich durch den richtigen Einsatz der Stimme und durch Vermeidung von Überanstrengung vorbeugen.

Anzeichen

Je eher du mit der Behandlung einer Krankheit beginnst, desto wirkungsvoller ist sie normalerweise. Ein paar Alarmsignale für Sänger? Beim Singen schnell ermüden; eine heisere Stimme nach nur ein oder zwei Stücken; ein hauchiges, krächzendes, raues oder heiseres Timbre; Unfähigkeit, die höchsten Töne zu singen und ein echter „Bruch" anstelle eines akzeptablen Passaggios.

Klassisch versus nicht klassisch

Es lässt sich wahrscheinlich unmöglich feststellen, ob klassische Sänger ein höheres Risiko haben als nicht klassische oder umgekehrt. Ein deutlicher Unterschied ist jedoch, dass klassische Sänger die oben genannten Anzeichen meist bewusster wahrnehmen. Nicht klassische Sänger bemerken kleine Veränderungen oft gar nicht sofort, während klassische Stimmen oft direkt unter den kleinsten Abweichungen leiden.

Betreuung, Rauch und Regen

Der Mangel an richtiger Betreuung ist ein weiterer Grund, warum nicht klassische Sänger vielleicht häufiger Probleme mit der Stimme haben. Außerdem sind sie einem höheren Risiko ausgesetzt, da sie oft in verrauchten Räumen (Zigarettenrauch in Clubs, künstlicher Rauch auf der Bühne) oder im Freien auftreten.

Ruhe

Viel Ruhe und viel Flüssigkeit sind zwei der bekanntesten und effektivsten Mittel gegen wunde, entzündete, gereizte, überanstrengte oder geschwollene Stimmlippen. In einigen Fällen darfst du vielleicht ein paar Tage oder Wochen lang gar nicht mehr singen (und sprechen). Tipp: Wenn du nicht sprechen darfst, solltest du auch nicht flüstern. Im Gegensatz zur landläufigen Meinung kann Flüstern schädlich für die Stimmlippen sein.

Inhalieren

Inhalieren ist eine sanfte und preiswerte Möglichkeit zur Erholung der Stimmlippen oder um verschleimte Atemwege freizumachen. Zu diesem Zweck füllst du heißes Wasser in eine Schüssel, legst dir ein Handtuch über den Kopf und atmest den Dampf ein. Das Wasser sollte immer eine angenehme Temperatur haben. Wenn es zu heiß ist, kann es mehr schaden als nutzen. Verwende nur klares Wasser. Ein Kamillenzusatz ist nützlich, wenn die Nase verstopft ist, aber beachte, dass Kamille austrocknend wirkt.

Verstopfte Nase

Mit verstopfter Nase kannst du nicht singen. Inhalieren hilft zwar, aber Nasenspray ist einfacher und wirkt oft schneller. Wenn du ein Nasenspray länger als ein paar Tage benutzt, kann die Verstopfung jedoch schlimmer werden. Zwei Tipps: Einige Nasensprays trocknen bei längerem Gebrauch die Schleimhäute aus und andere enthalten Antihistaminika. Beide sollten vermieden werden. Am besten lässt du dich in der Apotheke informieren.

Backpulver und Salz

Du kannst auch ein bisschen Backpulver und Salz (je einen halben Teelöffel) in einer Tasse Wasser auflösen, durch die Nase einziehen und dann durch den Mund wieder herauslassen. Einige Mediziner sagen, dass du das nur machen solltest, wenn du Beschwerden hast, andere behaupten, es hätte auch vorbeugende Wirkung. Frag deinen Arzt, wenn du an einer chronisch verstopften Nase leidest.

Schwellung der Stimmlippen

Wenn du eine Infektion der oberen Atemwege hast, solltest du noch vorsichtiger mit deiner Stimme umgehen als sonst. Solche Infektionen verursachen oft eine Schwellung der Stimmlippen und machen sie noch empfindlicher.

Lungenentzündung und Bronchitis

Husten ist schlecht für die Stimmlippen, aber in einigen Fällen musst du husten: Es ist die einzige Möglichkeit, den Schleim loszuwerden, wenn du eine Lungenentzündung oder Bronchitis hast. Du kannst versuchen zu husten, ohne die Stimmritze zu schließen und somit das Risiko für die Stimmlippen verringern. Diese Hustentechnik klingt ein bisschen wie heiseres Hundegebell.

Reizhusten

Auch eine Erkältung kann Husten mit sich bringen, und du kannst Reizhusten bekommen. In diesen Fällen solltest du überlegen, ein Husten stillendes Medikament zu nehmen.

Zu viel, zu zähflüssig oder klebrig

Die Stimmlippen bestehen aus kleinen, von einer Schleimhaut bedeckten Muskeln, und Schleim ist wichtig, damit sie richtig funktionieren. Probleme entstehen, wenn zu viel

Schleim da ist oder wenn der Schleim zu zähflüssig oder gar klebrig wird und die Schwingungen der Stimmlippen beeinträchtigt.

Nicht räuspern

Um überschüssigen Schleim loszuwerden, ist Räuspern sehr verlockend, was du aber besser unterlassen solltest. Räuspern kann nicht nur die Stimmlippen verletzen, sondern auch die gegenteilige Wirkung haben – nämlich eine Erhöhung der Schleimproduktion. Stattdessen solltest du summen oder den Schleim von den Stimmlippen wegsingen. Singe zum Beispiel Triller, *Arpeggien* (gebrochene Akkorde) und Glissandi oder bitte einen Lehrer um Vorschläge. Das dauert zwar etwas länger, ist aber harmlos und regt die Schleimproduktion nicht an.

Wasser oder Nasenspray

Du kannst auch Wasser oder Zitronensaft in kleinen Schlucken trinken, obwohl Letzterer den Hals reizen kann. Einige Sänger benutzen Nasenspray, um den Schleim zu verdünnen. Achte darauf, ein Nasenspray zu benutzen, das nicht austrocknet und keine Antihistaminika enthält. Wenn du denkst, dass du Medikamente brauchst, solltest du zu einem HNO-Arzt gehen.

Nicht mehr rauchen, mehr Schleim

Beim Rauchen wird mehr Schleim produziert, um die Wirkung des aggressiven Rauchs zu abzuschwächen. Wenn du aufhörst zu rauchen, wird diese zusätzliche Schleimproduktion nicht sofort eingestellt, sodass du vielleicht ein paar Wochen lang etwas verschleimt bist.

Postnasales Tropfen

Wenn du eine Nasennebenhöhlenentzündung hast, kann es sein, dass die Stimmlippen durch den Schleim gereizt werden, der aus den entzündeten Nebenhöhlen tropft. Dieses *postnasale Tropfen* kann nur durch Heilung der Nasennebenhöhlenentzündung behoben werden.

Periode

Frauen können aufgrund hormoneller Veränderungen auch kurz vor ihrer Periode verschleimt sein. Dies kann zu Heiserkeit und einem etwas dunkleren Timbre führen.

Fühlt sich an wie Schleim

Geschwollene Stimmlippen als Folge von Reflux (Rück-fluss von Magensäure in die Speiseröhre) können sich an-fühlen wie eine Verschleimung. Diese Symptome sollten natürlich anders behandelt werden. Auf Seite 115 findest du weitere Informationen.

Andere Krankheiten

Es gibt noch zahlreiche andere Krankheiten, die eine Ver-schleimung auslösen können. Am besten fragst du deinen Hausarzt, wenn sich das Problem nicht von selbst löst.

Kehlkopfentzündung (Laryngitis)

Verschiedene Krankheiten haben direkte Auswirkungen auf den Stimmapparat. Kehlkopfentzündung ist eine von ihnen. Sie verursacht eine Schwellung und unregelmäßige Schwingungen der Stimmlippen und verhindert den voll-ständigen Verschluss der Stimmritze. Als Folge entweicht Luft beim Singen oder Sprechen. Du klingst heiser oder hast eine raue Stimme und kannst sogar vorübergehend die Stimme verlieren. Allgemein wird empfohlen, ein paar Tage lang nicht zu singen und zu sprechen. Inhalieren hilft. Wenn nicht, solltest du zum Arzt gehen.

Heiserkeit

Heiserkeit bzw. eine raue Stimme kann zum Beispiel auch als Folge einer herkömmlichen Erkältung oder von Rauch, Alkohol oder Überanstrengung der Stimme auftreten. Ru-he und viel Flüssigkeit helfen.

Schwellungen und Narbengewebe

Heiserkeit kann auch durch lokale Schwellungen an den Stimmlippen, zum Beispiel Stimmbandknötchen oder Polypen (siehe Seite 116), entstehen. Unbehandelte Infek-tionen oder eine Überanstrengung der Stimme trotz ge-schwollener oder entzündeter Stimmlippen kann Narben-gewebe auf den Stimmlippen erzeugen, das zu chronischer Heiserkeit führen kann. Am besten gehst du zu einem Arzt, wenn die Heiserkeit nach ein paar Tagen nicht weg ist oder wenn sie sehr schnell wiederkehrt.

Halsschmerzen

Ein wunder, kratziger, trockener Hals kann durch viel Wasser beruhigt werden. Halsbonbons, Pfefferminz oder

Kaugummi können die Speichelproduktion anregen, was aber nur vorübergehend Linderung bringt. Du kannst die Speichelproduktion auch durch einen leichten Biss auf die Zungenspitze anregen, was den positiven Nebeneffekt hat, dass diese Methode zuckerfrei ist. Mentholbonbons können schädlich sein, da sie eine betäubende Wirkung haben und du nicht merkst, ob du deine Stimme zu stark beanspruchst: Schmerzen sind ein Alarmsignal. Einige Leute empfehlen Zitrone zur Linderung, die den Hals jedoch zusätzlich reizen kann. Andere bevorzugen schlückchenweise getrunkenes lauwarmes (leicht gesalzenes) Wasser oder Kräutertee mit Honig, entweder mit oder ohne etwas Zitronensaft. Beachte, dass auch Schnarchen die Ursache dafür sein kann, dass du mit einem trockenen, gereizten Hals aufwachst und dass geschulte Sänger meist weniger schnarchen!

Viel mehr

Es gibt noch viel mehr Möglichkeiten, Heiserkeit, Halsschmerzen und andere Beschwerden zu bekämpfen, u. a. Yoga, Kräuterheilkunde, Akupunktur, Zwiebeln, Meersalz und Lakritz… Hier solltest du dich entsprechend informieren.

Lampenfieber

Lampenfieber ist oft die Hauptursache für einen trockenen Hals — und dagegen hilft auch noch so viel Wasser nichts. Eine der besten Möglichkeiten, das Lampenfieber zu reduzieren, ist eine gute Vorbereitung. Du solltest deine Texte lernen und sicher sein, dass du den höchsten Ton singen kannst, die Töne triffst und an die richtige Atmung denkst. Darüber hinaus kannst du alle möglichen Entspannungsübungen ausprobieren. Medikamente oder gar Drogen zu nehmen, um das Lampenfieber zu bekämpfen, ist keine gute Idee: Sie wirken betäubend und können nicht nur deine Angst reduzieren, sondern auch deine Fähigkeit, gut zu singen.

Mandelentzündung

Mandelentzündung kann ein gravierendes Problem für Sänger sein. Wenn sie häufig wiederkehrt, solltest du an eine Entfernung der Mandeln denken. Einige Experten sagen, eine Mandeloperation beeinträchtige die Stimme überhaupt nicht, andere sind der Meinung, sie könne zum Beispiel zu einer Veränderung des Timbres führen. Du solltest dem Arzt auf jeden Fall sagen, dass du Sänger bist. Dies kann seine Entscheidung beeinflussen.

Säurerückfluss

Hartnäckiger Husten oder Heiserkeit, das Gefühl einer Verschleimung der Stimmlippen, entzündete Stimmlippen und chronische Kehlkopfentzündung sind häufig die Folge eines Phänomens, das als Säurerückfluss (Reflux) bezeichnet wird. Ein Teil des Mageninhaltes einschließlich der Magensäure fließt die Speiseröhre hoch. Dies führt zu einer Reizung des Kehlkopfes und der Stimmlippen und zu einem oder mehreren der oben genannten Symptome.

GASTROÖSOPHAGEALER REFLUX

Der Säurerückfluss wird als gastroösophagealer Reflux oder Refluxkrankheit bezeichnet. Die Wörter *gastro* und *ösophageal* beziehen sich auf den Magen bzw. auf die Speiseröhre. Ursache für die Refluxkrankheit ist ein unvollständiger Verschluss des Mageneingangs.

Brennen

Millionen von Menschen wissen, wie Säurerückfluss sich anfühlt: ein brennendes Gefühl in der Brust, Sodbrennen oder Pyrosis genannt, und ein saurer Geschmack hinten im Mund. Andere leiden ohne diese Symptome an Säurerückfluss, oder er tritt unbemerkt im Schlaf auf.

Nicht, was du denkst

Viele Sänger bekämpfen diese Symptome mit den falschen Mitteln, weil sie denken, sie seien verschleimt, während sie in Wirklichkeit an Säurerückfluss leiden, der ihnen das *Gefühl* einer Verschleimung der Stimmlippen vermittelt. Wenn du unsicher bist, was du nun hast, solltest du zum Arzt gehen. Die Refluxkrankheit kommt sehr häufig vor, und Säure hemmende Medikamente gehören zu den am meisten verschriebenen Medikamenten der Welt.

Kopfende erhöhen

Du kannst den Reflux reduzieren, indem du das Kopfende deines Bettes um 15–20 cm erhöhst. Als Alternative gibt es auch Spezialkissen. Außerdem solltest du Nahrungsmittel und Getränke vermeiden, die die Magensäureproduktion anregen, zum Beispiel Kaffee, Tee, Alkohol und scharfes Essen – und du solltest zwei bis drei Stunden vor dem Zubettgehen nichts mehr essen.

Stimmbandknötchen, Polypen und Zysten

Stimmbandknötchen, Polypen und Zysten sind Wucherungen in oder auf den Stimmlippen. Ohne zu sehr ins Detail zu gehen (dafür gibt es andere Bücher, wobei die Diagnose und Behandlung am besten einem HNO-Spezialisten überlassen wird), sind hier die Unterschiede und ein paar Behandlungstipps.

Unsichtbar

Du kannst diese Wucherungen nicht selbst feststellen, da du deine Stimmlippen nicht sehen kannst. Daher solltest du zum Arzt gehen, wenn du an einer rauen, heiseren Stimme leidest, die nicht innerhalb von ein paar Tagen verschwindet, oder aber, wenn dein Stimmumfang kleiner oder deine Sprechstimme tiefer wird oder wenn du die Töne nicht mehr richtig halten kannst, die Stimme schnell ermüdet oder wegbleibt. Oft kann ein Symptom umso schneller behoben werden, je früher es erkannt wird.

Knötchen oder Knoten

Man kann Stimmbandknötchen bzw. -knoten mit Schwielen vergleichen. Sie treten meist als Folge kleinerer Verletzungen (Risse) auf, die dann vernarben. Jede Überbelastung der Stimme (unvollständiger Stimmbandschluss, Schreien, unzureichende Atemstütze, Singen mit heiserer Stimme etc.) kann zu Knötchen führen. Die Knötchen können schon nach einem Abend, an dem du deine Stimme überanstrengst, auftreten! Sie bilden sich häufig paarweise, eines auf jeder Stimmlippe. Bei Frauen ist das Risiko höher als bei Männern, weil ihr Bindegewebe weicher und somit empfindlicher ist. Wenn sie rechtzeitig entdeckt werden, können sie sich durch Schonung der Stimme wieder zurückbilden.

Weich bis hart

Stimmbandknötchen können unbemerkt kommen und gehen, aber sie können auch zum gravierenden Problem werden. Anfangs sind die Knötchen weich. Wenn du deine Stimme zwischen den Auftritten schonst, verschwinden sie oft wieder. Wenn nicht, verwandeln sie sich irgendwann in hornartiges Gewebe.

Schonung oder Operation

So lange die Knötchen weich sind, sollte die Stimme geschont werden, dann heilen sie am besten. Verhärtete Knötchen müssen eventuell operativ entfernt werden. Eine Sprachtherapie kann verhindern, dass die Knötchen wiederkehren. Am besten beginnst du vor der Operation mit der Therapie. Wenn die Operation gut verläuft, wird dein Timbre nicht beeinträchtigt – aber dennoch ist es besser, das Entstehen von Knötchen zu verhindern, anstatt sie später entfernen zu lassen.

Polypen

Ein Polyp ist eine gutartige Wucherung auf einer oder beiden Stimmlippen. Ursachen für Polypen sind Überanstrengung oder Missbrauch der Stimme, Säurerückfluss oder Rauchen. Polypen und andere Wucherungen beeinträchtigen die gleichmäßige Schwingung der Stimmlippen: Daher verändert sich die Qualität der Stimme. Wenn deine Stimme beim leisen Singen oder Sprechen rau klingt und klarer wird, wenn du lauter wirst, kann es sein, dass du einen Polypen hast. Eine Stimmtherapie kann zwar helfen, aber oft ist eine Operation erforderlich.

Zyste

Eine Stimmbandzyste ist eine kleine Verkapselung *in* der Stimmlippe, die Flüssigkeit enthält. Daher werden Zysten nicht so leicht bemerkt und lassen sich schwerer entfernen. Im Vergleich zu Knötchen und Polypen sind sie jedoch selten.

ZU WEM GEHEN?

Ein Arzt für Allgemeinmedizin ist oft zunächst die richtige Adresse, wenn du an den oben genannten Symptomen leidest und etwas dagegen unternehmen musst. Er kann dich an einen Facharzt überweisen. Eine genauere (z. B. stroboskopische) Untersuchung der Stimmlippen musst du von einem HNO-Arzt durchführen lassen, der dich wie-

derum eventuell an einen Sprachtherapeuten oder -patho-
logen überweist. Du kannst natürlich auch direkt dorthin
gehen, aber einige dieser Spezialisten verlangen eine Über-
weisung.

Sprachpathologen und -therapeuten

Der Unterschied zwischen einem Sprachtherapeuten und
einem Sprachpathologen ist nicht ganz eindeutig und
variiert von Land zu Land. Manchmal gibt es auch gar
keinen Unterschied, und die Begriffe können synonym
verwendet werden. Der Unterschied in Deutschland ist,
dass ein Sprachtherapeut (Logopäde) meist eine dreijäh-
rige Ausbildung an einer Logopädieschule absolviert, die
mit einem Staatsexamen abschließt. Die Ausbildung zum
Sprachpathologen (Patholinguist) erfolgt hingegen meist
im Magisterstudiengang Klinische Linguistik. Darüber
hinaus gibt es noch staatlich geprüfte Atem-, Sprech- und
Stimmlehrer. Sie beschäftigen sich mit den Wechselwir-
kungen von Atmung, Stimme und Bewegung und können
damit auch eine gute Anlaufstelle bei Stimmproblemen
sein.

Vokologie

Vokologie ist ein relativ junger Berufszweig, der sich in erster Linie mit der Vorbeugung von Stimmproblemen befasst (anstatt nur mit der Wiederherstellung der Stimme).
Praktizierende Vokologen sind spezialisierte Sprachtherapeuten, HNO-Spezialisten oder Lehrer, Trainer und andere Stimmexperten.

Behandlung von Sängern

Wenn du Hilfe von einem dieser Experten brauchst, suchst
du dir am besten einen, der häufig mit Sängern arbeitet.
Einige haben sich auf die Behandlung von Sängern spezi-
alisiert – und manche singen sogar selbst.

Haltung, Atmung …

Ärzte und andere Experten können dich auch an weitere
Spezialisten oder Lehrer verweisen: zum Beispiel an einen
Physiotherapeuten zur Verbesserung der Haltung oder an
einen Yogalehrer, der mit dir an der Atmung arbeitet oder
Entspannungsübungen macht, oder an einen Allergolo-
gen …

8. TEXTE

Für die meisten Sänger sind die Texte ein wesentlicher Bestandteil des Singens. In diesem Kapitel bekommst du ein paar wertvolle Tipps über das Vermitteln einer Songbotschaft, über das Auswendiglernen von Texten und über die Aussprache.

Für viele Menschen sind die besten Sänger diejenigen, die deutlich vermitteln, worum es in einem Stück geht. Um so singen zu können, musst du den Text wirklich begreifen. Du solltest fest an das glauben, was du singst und solltest vielleicht sogar so wütend, traurig oder glücklich sein, wie es der Komponist oder Songwriter vom Sänger erwartet. Du solltest aus tiefstem Herzen singen – oder zumindest so tun, obwohl Letzteres nicht so überzeugend wirkt.

Automatisch
Wenn du wirklich weißt, wovon du singst, passt du deine Artikulation und dein Timbre automatisch an, genau wie auch deine Bewegungen, deinen Gesichtsausdruck und jeden anderen Aspekt deines Auftritts.

Eigene Texte
Wenn du deine Texte selbst schreibst, solltest du daran glauben. Die Wortwahl ist wichtig, um zu vermitteln, wovon du singst. Gute Texte machen deutlich, ob du glücklich, traurig oder wütend bist. Sie können lustig oder ironisch, aggressiv oder tröstlich sein – sogar auf einem Blatt Papier. Schließlich sind Gedichte das auch.

Telefonbuch
Wenn du keine Ahnung hast, wovon du singst, kannst du den Originaltext genauso gut durch eine Seite aus dem

Telefonbuch ersetzen. Übrigens gibt es Sänger, die sogar Namen und Zahlen so ergreifend singen können, dass man glauben möchte, sie erzählen eine Geschichte …

Der Text

Je besser du verstehst, worum es geht, desto leichter ist es, eine Botschaft rüberzubringen und desto leichter ist es wahrscheinlich auch, den Text auswendig zu lernen. Es kann zum Beispiel helfen, die Story des Stücks Zeile für Zeile und Strophe für Strophe mit eigenen Worten zu schildern oder den ganzen Song in ein paar Worten zusammenzufassen.

Deine Musiker

Wem solltest du die Story erzählen? Den Musikern in deiner Band! Vielleicht wissen sie gar nicht, wovon du singst. Wenn sie es wissen, helfen sie dir wahrscheinlich, den Text zu vermitteln anstatt dich einfach nur zu begleiten.

Wo man Texte findet

Du findest die Texte zu den Songs, die du singen willst, natürlich in den CD-Booklets, du kannst Songbooks mit Noten und Texten kaufen und du findest die Texte zu Tausenden von Popsongs im Internet (siehe Seite 162–163). Wenn du damit keinen Erfolg hast, kannst du die Texte auch von CD, Kassette oder einer anderen Quelle herausschreiben.

Richtig zuhören

Das Herausschreiben von Texten ist wirksamer als es scheinen mag. Erstens zwingt es dich, richtig zuzuhören und über den Text nachzudenken, zweitens hilft das Aufschreiben des Textes beim Auswendiglernen.

Verlangsamen

Das Herausschreiben von Texten ist oft einfacher, wenn du die Musik etwas verlangsamen kannst. Einige Kassettendecks haben diese Funktion zwar, doch klingt der Song dann auch tiefer. Wenn du das oft machen musst, kannst du dir ein Audio-Bearbeitungsprogramm für den Computer kaufen, mit der du einen Song ohne Tonhöhenschwankungen verlangsamen kannst. Eine solche Software ist nicht mehr so teuer – und du kannst sie noch für viele andere Zwecke benutzen: Zusammen mit einer guten Sound-karte verwandelt sie deinen Computer in ein kleines Heim-studio.

Laut

Darüber hinaus kannst du einen Text auswendig lernen, indem du ihn laut vorliest, als würdest du ein Buch vorle-sen, oder ihn deklamierst, als wärst du ein Schauspieler auf der Bühne. Einige Sänger lesen den Text gerne laut und dehnen dabei alle Vokale oder lesen ihn im Rhythmus der Musik. Du kannst das Stück auch auf einem einzigen Ton singen, der etwas höher als deine Sprechstimme ist, oder ihn ganz, ganz langsam singen.

Melodie

Wenn du dich auf die Melodie konzentrieren willst, ersetzt du den Text einfach durch Vokale oder unsinnige Silben (la, la, la, do, dah, do, dah …). Das hilft bei der Planung der Atempausen.

AUSSPRACHE

Aussprache bedeutet, wie du Wörter klingen lässt. Dies hängt natürlich eng mit der Artikulation und Diktion zusammen (siehe Seite 73).

Von wo du kommst

Die Aussprache verrät häufig sofort, wo jemand her-kommt. Leute aus Hamburg, Frankfurt, München, Leip-zig, Wien und Zürich sprechen alle deutsch und klingen doch alle unterschiedlich. Dasselbe gilt für Italiener, Chi-nesen oder Russen: Wenn sie deutsch sprechen, klingen sie alle unterschiedlich.

Derselbe Apparat

Menschen verschiedener Herkunft unterscheiden sich in ihrer Aussprache nicht etwa, weil ihr Stimmapparat unter-schiedlich ist, sondern weil sie es in ihrer Kindheit durch die Menschen in ihrer Umgebung anders gelernt haben. Sprache lernt man durch Hören.

Betonen oder unterdrücken

In einigen Musikrichtungen kann die Betonung eines be-stimmten Dialekts oder eine bestimmte Aussprache von

Wörtern angebracht sein – schließlich sollen Country-sänger anders klingen als Rapper. In anderen Stilen musst du deinen Dialekt bzw. deine Aussprache vielleicht unter-drücken. Deine Aussprache kann die Aussagekraft eines Songs beträchtlich beeinflussen, da sie vielleicht zu „zivi-lisiert" für den einen oder zu „unzivilisiert" für den ande-ren Stil ist.

Lehrer und Logopäden

Lehrer können beim Erlernen der richtigen Aussprache und Artikulation eine große Hilfe sein. Wenn du mit der Aussprache bestimmter Wörter oder Silben große Schwie-rigkeiten hast, kannst du einen Logopäden aufsuchen (sie-he Seite 118).

Fremdsprachen

Wenn du nicht in deiner Muttersprache singst, ist die Aus-sprache besonders wichtig, vor allem dann, wenn du vor einem Publikum singst, das diese Sprache spricht. Einige Sprachen scheinen aufgrund bestimmter Laute schwie-riger zu sein als andere. Viele Leute haben zum Beispiel Probleme, wenn sie das *th* im Englischen oder das gerollte *r* im Spanischen oder Italienischen aussprechen sollen.

Eine Menge Arbeit

Du kannst die richtige Aussprache von Wörtern in einer Fremdsprache zwar lernen, aber das kann eine Menge Arbeit bedeuten – wiederum nicht deshalb, weil dein Stimmapparat anders ist, sondern weil er nicht an die Erzeugung dieser Laute gewöhnt ist.

„Bed" oder „bet"

Es gibt noch etwas, das die Aussprache einer Fremdspra-che erschwert: Es kann gut sein, dass du die Feinheiten einer Sprache einfach nicht hörst. So besteht zum Beispiel im Deutschen kein Unterschied in der Aussprache von „Rat" und „Rad" (am Ende wird immer ein *t* gesprochen), während im Englischen sehr wohl ein Unterschied zwi-schen „bed" (*d* am Ende) und „bet" (*t* am Ende) zu hören ist. Wenn du den Unterschied nicht kennst, hörst du ihn auch nicht – und sprichst die Wörter daher falsch aus. Auch zwischen den englischen Wörtern „bad" und „bed" besteht ein solch kleiner Unterschied.

(H)offen

Franzosen haben oft Probleme, den Unterschied zwischen „hoffen" und „offen" zu lernen, da sie das *h* am Wortanfang nicht ausssprechen.

Dort leben

Am besten lernt man die richtige Aussprache einer Fremdsprache natürlich, wenn man eine Weile im jeweiligen Land lebt (d. h. mindestens ein paar Jahre). Aber meist hat man keine Gelegenheit dazu.

Internationales Phonetisches Alphabet

Du kannst den Text eines Songs auch in der Lautschrift des Internationalen Phonetischen Alphabets (IPA) aufschreiben. Dieses Alphabet hat Symbole für alle Konsonanten und Vokale in allen möglichen Sprachen. Es dauert allerdings einige Zeit, bis man dieses Alphabet gelernt hat: Es hat mehr als einhundert Zeichen.

Normales Alphabet

Deshalb verwenden viele Sänger ihre eigenen phonetischen Zeichen und das normale Alphabet, um ungefähr anzugeben, wie die Wörter klingen sollen. Der Klang des *y* im englischen Wort *year* ähnelt zum Beispiel dem des *j* im deutschen Wort *Jahr* und dem der beiden *l* in *caballero*.

IPA	Englisch	Deutsch	Französisch
ə	mel<u>o</u>n (Melone)	<u>i</u>rren	<u>e</u>lle (sie)
ʃ	<u>sh</u>ip (Schiff)	<u>s</u>paren	<u>ch</u>anson (Lied, Song)
ɔ	m<u>a</u>ll	d<u>o</u>ch	il d<u>o</u>rt (er schläft)
θ	<u>th</u>rough (durch)	–	–
ɥ	–	–	S<u>u</u>isse (Schweiz)

Ein paar Beispiele aus dem Internationalen Phonetischen Alphabet. Nicht alle Klänge kommen in allen Sprachen vor – und das sind oft die schwierigsten.

Lehrer

Um die Lautschrift zu verwenden (entweder die offizielle oder deine eigene), musst du zuerst wissen, wie man die Wörter ausspricht. Eine Möglichkeit ist, dir die Songs, die du singen willst, genau anzuhören. Du kannst dir aber auch einen Lehrer nehmen, der die Sprache wirklich beherrscht.

9. MIKROFONE UND EFFEKTE

Wenn du ein Mikrofon kaufen willst, musst du dich zwischen dynamischen und Kondensatormikrofonen, Cardioid- und anderen Richtcharakteristiken, zwischen hoch- und niederohmigen Modellen entscheiden ... In diesem Kapitel werden alle Unterschiede erklärt, ohne zu sehr in die technischen Details zu gehen. Außerdem erfährst du, worauf du beim Vergleich von verschiedenen Mikros achten musst. Ein kurzer Abschnitt über Effektgeräte für Sänger ist ebenfalls enthalten.

Ein guter Grund für den Kauf eines eigenen Mikrofons ist, dass du damit das Beste aus deiner Stimme herausholen kannst. Außerdem ist es hygienischer: Du musst die Mikros nicht mehr mit so genannten Mikrofon-Küssern teilen – was in etwa dem gemeinsamen Kaugummikauen entspricht.

Nicht besonders viel
Für die meisten Sänger ist ein Mikrofon das einzige Gerät, das sie kaufen. Du musst nicht besonders viel Geld dafür ausgeben: Viele Profis verwenden Mikrofone, die nicht mehr als ein- oder zweihundert Euro kosten.

Billig
Es gibt viele billigere Mikrofone. Wenn du wirklich Geld sparen willst, solltest du dir zumindest den Gefallen tun, dir auch ein paar teurere Modelle anzuhören – und sei es nur, damit du weißt, was dir dann fehlen würde.

PA-Anlage

Wenn du in einer Band singst, benutzt du oft die PA-Anlage der Band oder des Veranstaltungsortes, an dem du auftrittst. Aber selbst die beste PA-Anlage bringt dir nicht viel, wenn du nicht das richtige Mikrofon für deine Stimme hast.

Das eine

Du kannst natürlich einfach das eine, unglaublich beliebte Mikrofon kaufen, das von Tausenden von Sängern auf der ganzen Welt benutzt wird. Aber vielleicht bist du mit einem anderen Mikrofon derselben (oder auch einer anderen) Firma besser beraten. Es kann sich lohnen, verschiedene Modelle zu vergleichen.

Schlagzeug, Gitarre, Gesang ...

Mikrofone können nach verschiedenen Kriterien eingeteilt werden. Erstens gibt es Mikrofone für verschiedene Instrumente – Bass Drums, Bläser, Gitarren und so weiter. Gesangsmikrofone sind speziell für Sänger gedacht. Einige Modelle können aber auch für andere Instrumente verwendet werden. Sie sind deshalb nicht schlechter als Mikros, die als „Gesangsmikrofon" verkauft werden.

Dynamisch oder Kondensator

Zweitens gibt es *dynamische Mikrofone* und *Kondensatormikrofone*. Die Unterschiede findest du weiter unten.

Richtcharakteristik

Drittens ist es wichtig, dass ein Mikrofon nur deine Stimme und nichts anderes aufnimmt. Zu diesem Zweck hat jedes Mikrofon eine bestimmte *Richtcharakteristik*. Sie gibt an, aus welchen Richtungen ein Mikro den Schall bevorzugt aufnimmt, wie du auf Seite 129–131 lesen kannst.

In der Hand oder auf dem Kopf

Die meisten Sänger benutzen ein Handmikrofon. Tanzende Sänger sowie Sänger, die ein Instrument spielen, sind mit einem Headset, wie auf Seite 133–134 beschrieben, oft besser dran.

DYNAMISCH ODER KONDENSATOR

Es gibt einige Unterschiede zwischen einem dynamischen und einem Kondensatormikrofon. Die meisten Sänger benutzen auf der Bühne dynamische Mikrofone, da diese äußerst robust und zuverlässig sind. Kondensatormikrofone sprechen schneller an und zeichnen etwas feiner, sind aber auch empfindlicher. Sie werden meist im Studio benutzt. Auf der Bühne findet man sie hauptsächlich in der Hand von Sängern, die auch live auf die Ausdruckskraft und Feinheit eines Kondensatormikrofons nicht verzichten wollen. Die Unterschiede zwischen beiden Typen verwischen jedoch in gewissem Maße. Hier sind erst einmal vier Absätze über technische Dinge.

Der Unterschied

Dynamische Mikrofone und Kondensatormikrofone können genau gleich aussehen. Der Hauptunterschied befindet sich im Einsprachekorb.

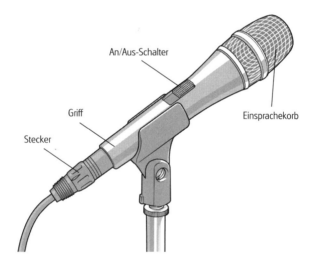

Ein Gesangsmikrofon.

Dynamisch: Spule

Ein dynamisches Mikrofon enthält eine kleine Spule, die auf einer dünnen Membran montiert ist. Beim Singen versetzen die Luftschwingungen der Stimme die Membran und somit die Spule (die sich im Magnetfeld eines Dauermagneten befindet) in Bewegung. Diese Bewegung erzeugt elektrische Impulse, die durch das Mikrofonkabel zum Verstärker geleitet werden.

Kondensator: zwei Plättchen

Ein Kondensatormikrofon enthält zwei ganz dünne Plättchen, wovon das vordere die Membran ist. Beide sind elektrisch geladen. Beim Singen verändert sich durch die Bewegung der Membran der Abstand zwischen den Plättchen. Dadurch entstehen elektrische Impulse, die zum Verstärker geleitet werden.

Schneller

Die Spule in einem dynamischen Mikrofon ist sehr klein. Im Vergleich zur Membran eines Kondensatormikrofons ist sie jedoch ziemlich groß. Die ultradünne Membran reagiert wesentlich schneller. Sie „hört" die feinsten Nuancen deiner Stimme.

Knackig, klar und direkt

Die schnellere Reaktion eines Kondensators führt zu einem klareren, direkteren, knackigeren Klang. Außerdem ist ein Kondensator empfindlicher und bildet den Klang genauer und transparenter ab, bringt also das tatsächliche Timbre deiner Stimme besser zur Geltung.

Warm, weich und voll

Im Gegensatz dazu erzeugen dynamische Mikrofone einen wärmeren, runderen, fetteren, volleren oder weicheren Klang. Genau das wollen viele Rock- und Popsänger, sowohl live als auch im Studio. Dynamische Mikros können zudem auch einem höheren Schalldruck standhalten.

Abstand

Ein Hauptunterschied zwischen dynamischen und Kondensatormikrofonen ist die Reaktion auf den Abstand zwischen Mund und Mikrofon. Bei einem Kondensatormikrofon kann man den Abstand stark variieren und dies als zusätzliches Mittel zur Anpassung der Klangfarbe und Verbesserung der Dynamik verwenden. Dazu ist eine gute „Mikrofontechnik" erforderlich. Der Lohn dafür ist mehr Ausdruckskraft.

Zu weit

Ein dynamisches Mikrofon bietet nicht so viele Variationsmöglichkeiten: Wenn du es nur ein klein wenig zu weit weg hältst, wird der Klang sehr dünn. Hältst du es noch weiter weg, kann dich niemand mehr hören. Sehr dicht am Mikrofon zu singen hat bei dynamischen und Kondensatormikrofonen denselben Effekt.

Nicht mehr so viele Unterschiede

Es gibt nicht mehr so viele Unterschiede zwischen dynamischen und Kondensatormikrofonen. Früher waren Kondensatormikrofone empfindlicher gegenüber Geräuschen und *Rückkopplung* (das laute Pfeifen, das du hörst, wenn ein Mikrofon Klang aus einem Lautsprecher aufnimmt und ihn wieder zum Verstärker leitet, von dem aus er wieder zum Lautsprecher geleitet wird – und so weiter …).

Genauso gut

Moderne Kondensatormikros können jedoch in dieser Hinsicht fast oder genauso gut wie dynamische Mikrofone sein. Außerdem können einige dynamische Mikrofone die Stimme so transparent und klar klingen lassen wie ein Kondensatormikrofon.

Erschwingliche Modelle

Kondensatormikrofone waren früher viel teurer, aber heute gibt es immer mehr erschwingliche Modelle. Kondensatormikros in Profiqualität kosten meist zwischen einhundert und fünfhundert Euro.

Strom

Es gibt noch einen technischen Unterschied zwischen Kondensatormikrofonen und dynamischen Modellen: Kondensatoren brauchen Strom, um die Plättchen elektrisch aufzuladen. Normalerweise wird der Strom von der PA-Anlage durch das Mikrofonkabel geliefert, entweder direkt vom Mischpult oder von einer separaten Stromquelle. Dies wird als *Phantomspeisung* bezeichnet.

Batterien

Einige Kondensatormikros können auch mit Batterien betrieben werden, entweder als Ersatz, wenn die Phantomspeisung ausfällt, oder anstelle der Phantomspeisung. Batterien sind jedoch teurer und nicht so zuverlässig.

RICHTCHARAKTERISTIK

Die Richtcharakteristik eines Mikrofons gibt an, aus welchen Richtungen es den Schall bevorzugt aufnimmt.

Kugelcharakteristik

Einige Mikrofone nehmen Schallwellen aus allen Richtungen gleich stark auf. Diese Mikrofone mit *Kugelcharakteristik* sind auf der Bühne nur selten zu finden, da sie auch den Klang aus den Monitorboxen und anderen Lautsprechern aufnehmen und somit Rückkopplung erzeugen.

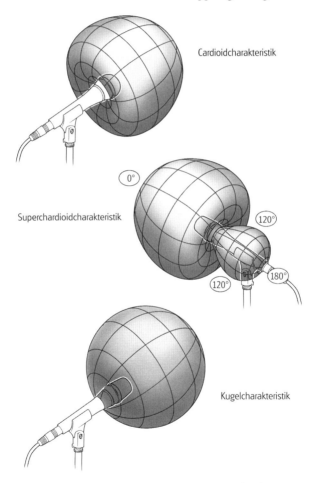

Cardioidcharakteristik

Supercardioidcharakteristik

Kugelcharakteristik

Mikrofone mit Cardioid- und Supercardioidcharakteristik nehmen Schallwellen aus bestimmten Richtungen nicht auf. Ein Mikrofon mit Kugelcharakteristik nimmt Schallwellen aus allen Richtungen auf.

Niere

Ein Mikrofon mit *Nierencharakteristik* ist meist besser geeignet, da es die Schallwellen nur aus bestimmten Richtungen (in Form einer Niere) aufnimmt. Mikrofone mit Nierencharakteristik sind weit verbreitet.

Cardioid

Viele weit verbreitete Mikrofone haben eine herzförmige Richtcharakteristik (*Cardioidcharakteristik*). Wie du auf Seite 129 siehst, nehmen diese Mikrofone Schallwellen aus dem Hintergrund (wo vielleicht ein Monitor steht) nicht an. Schallwellen, die nicht aus einem bestimmten Einfallswinkel kommen, werden nur eingeschränkt aufgenommen.

Supercardioid

Die nächste weit verbreitete Variante ist das Mikrofon mit *Supercardioidcharakteristik*. Es ist stark nach vorne ausgerichtet (0°) und hat zusätzlich eine geringe Empfindlichkeit gegenüber Schallwellen aus dem Hintergrund (180°). Am unempfindlichsten ist es im Bereich von ca. 120°. Es ist auf Bühnen mit PA-Anlage äußerst effektiv.

Hypercardioid

Auf sehr lauten Bühnen ist ein Mikrofon mit Hypercardioidcharakteristik am besten. Es hat nach vorne einen noch kleineren Einfallswinkel.

Umschaltbar

Einige (Kondensator-)Mikrofone, meist Studiomodelle, haben zwei oder mehr unterschiedliche Richtcharakteristiken, zwischen denen man umschalten kann. Bei anderen

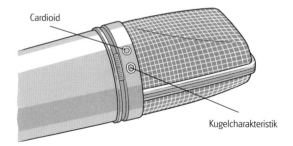

Cardioid

Kugelcharakteristik

Umschaltmöglichkeit zwischen Kugel- und Cardioidcharakteristik bei einem Studiomikrofon.

Modellen kann man die Charakteristik wechseln, indem man die Kapsel austauscht – sie sind jedoch recht selten.

Weitere Richtcharakteristiken

Mikrofone mit Kugelcharakteristik und anderen Charakteristiken (z. B. *Achtercharakteristik*) kommen meist im Studio zum Einsatz.

DRAHTLOS

Ein drahtloses Mikrofon (Funkmikrofon) ermöglicht eine Menge Bewegungsfreiheit auf der Bühne. Funkmikrofone sind wesentlich teurer und es kann sein, dass sie nicht genauso klingen wie ihre Pendants mit Kabel.

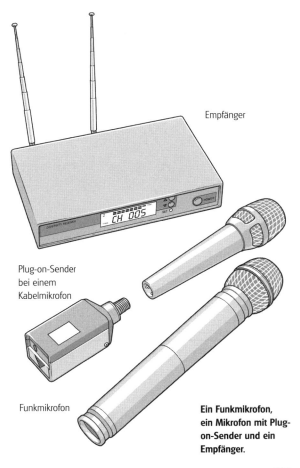

Empfänger

Plug-on-Sender
bei einem
Kabelmikrofon

Funkmikrofon

Ein Funkmikrofon, ein Mikrofon mit Plug-on-Sender und ein Empfänger.

Sender

Viele Mikrofone sind mit Kabel oder als drahtlose Version
erhältlich. Die drahtlose Version hat einen eingebauten
Sender, der es etwas sperriger macht. Dieser sendet die
elektrischen Impulse zu einem Empfänger. Der Empfänger
ist an den Verstärker oder das Mischpult angeschlossen.

Derselbe?

Haben Kabel- und Funkmikrofone denselben Klang? Die
Meinungen gehen auseinander. Es kann durchaus sein, dass
ein normales Kabelmikro besser klingt, weniger Nebenge-
räusche hat und zuverlässiger ist als ein erschwingliches
Mikro mit Sender und Empfänger. Wenn du Profigeräte
kaufst, die oft vier- oder fünfmal so viel kosten, gibt es keine
nennenswerten Unterschiede. Bekannte Künstler würden
keine Funkmikros benutzen, wenn sie nicht gut wären.

Plug-on

Wenn du ein Mikrofon hast, das dir gefällt, kannst du auch
einen Plug-on-Sender und einen Empfänger kaufen. Das
bedeutet, dass du dich nicht an ein neues (größeres) Mikrofon gewöhnen musst, und außerdem ist es oft billiger
als ein komplettes drahtloses System. Die Leistung kann
jedoch insgesamt schlechter werden, oder der Klang verändert sich (zum Guten oder zum Schlechten). Der Sender
erhöht außerdem das Gewicht und verändert das Gleichgewicht des Mikros.

Frequenzbereich

Drahtlose Systeme werden in verschiedenen Frequenzbereichen betrieben, um die Signale vom Mikro zum Empfänger zu senden. Die meisten Systeme verwenden entweder *VHF* oder *UHF*. UHF-Systeme sind normalerweise
teurer, aber sie sind weniger störanfällig, der Abstand zwischen Mikro und Empfänger kann viel größer sein, ihre
Leistung ist höher und die Batterien des Senders halten
länger – zwölf Stunden und mehr anstatt acht bis zwölf
Stunden.

Preise

Im Vergleich zu einem identischen Kabelmikrofon kostet
ein komplettes Funksystem in Profiqualität etwa sechs- bis
zehnmal so viel.

HEADSETS

Wenn du beim Singen ein Instrument spielst, solltest du vielleicht ein Mikrofon mit Kopfbügel kaufen, auch *Headset* genannt. Ein *kabelloses Headset* ist eine gute Lösung für Sänger, die auch tanzen oder sich auf der Bühne viel bewegen.

Kondensator und Beltpack

Headsets haben Mini-Kondensatormikros; die Elektronik befindet sich in einem kleinen *Beltpack*, das du am Gürtel befestigen kannst. Die Kopfbügel sind meist mehrfach verstellbar, damit sie gut sitzen. Um die Kommunikation mit den anderen Bandmitgliedern zu gewährleisten, ohne dass das Publikum mithört, kann man das Mikro oft zur Seite schieben.

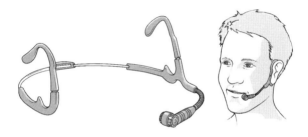

Ein Headset.

Schalter

Viele Mikros haben einen Ein-/Aus-Schalter, der absolut geräuschlos sein sollte. Manchmal haben sie einen weiteren Schalter, mit dem du die Empfindlichkeit des Mikros an deine Lautstärke anpassen kannst.

Die Hände

Mit einem Headset kannst du den Abstand zwischen Mund und Mikro nicht verändern, also auch Timbre und Lautstärke nicht beeinflussen – und manchmal weißt du vielleicht auch nicht, was du mit den Händen machen sollst, wenn du kein Mikrofon in der Hand hast …

Preise

Die Preise für Headsets sind etwas höher als für Handmikrofone in vergleichbarer Qualität.

Noch kleiner

Manche (Musical-)Sänger benutzen oft extrem kleine, (fast) unsichtbare Funkmikrofone, die man zum Beispiel an einer Brille befestigen oder am Kopf ankleben und mit Haaren bedecken kann. Diese Mikrofone sind sehr teuer.

EIGENSCHAFTEN

Hier sind ein paar der wichtigsten Eigenschaften, die Mikrofone haben – oder nicht haben.

Kabel

Billige Mikrofone haben oft ein festes Kabel. Dadurch wird das Mikro ziemlich anfällig, da Kabel und Stecker die größten Schwachstellen sind. Ein Tipp: Wenn du ein Mikrofon mit abnehmbarem Kabel kaufst, solltest du auch gleich ein Ersatzkabel kaufen.

XLR

Abnehmbare Mikrofonkabel haben meist an beiden Enden einen dreipoligen Anschluss, auch XLR- oder Canon-Stecker genannt.

Symmetrisch

XLR-Buchsen sind *symmetrisch*. Sie sind weniger geräuschanfällig als Klinkenbuchsen (Jack-Plugs), die *asymmetrisch* sind.

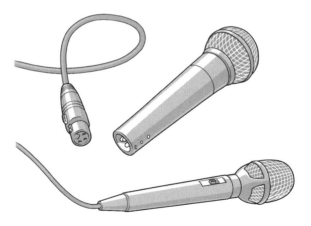

Ein Profi-Mikrofon mit dreipoligem XLR- bzw. Canon-Stecker und ein preiswertes Mikrofon mit festem Kabel und Klinkenstecker.

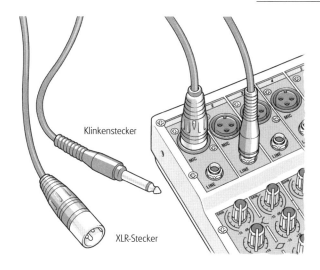

Klinkenstecker

XLR-Stecker

Symmetrische XLR-Buchse (oben) und asymmetrische Klinkenbuchse (unten) an einem einfachen Mischpult.

Niederohmig

Billige Mikros mit Klinkensteckern haben meist eine *hohe Impedanz*. Ohne zu sehr ins Detail zu gehen, bedeutet das, dass lange Kabel die hohen Frequenzen etwas abschneiden können. Mikros mit XLR-Stecker haben meist eine *niedrigere Impedanz*; zehn Meter Kabellänge (oder mehr) sind kein Problem.

Ein/Aus

Ziemlich viele Mikrofone haben einen Ein-/Aus-Schalter; bei einigen kann man es sich aussuchen. Wenn das Mikro einen solchen Schalter hat, sollte er absolut geräuschlos funktionieren. Ein-/Aus-Schalter können sehr praktisch sein, aber sie können auch ausgeschaltet sein, wenn du hoffst, dass sie an sind – oder umgekehrt, was noch schlimmer sein kann … Bei einigen Mikros kann der Schalter verriegelt werden, sodass du ihn nicht aus Versehen betätigst.

Bassfilter

Je näher du an ein Mikrofon herankommst, desto mehr Bässe bekommt der Klang. Einige Mikrofone haben einen Schalter zur Absenkung der tiefen Frequenzen, um diesem Effekt entgegenzuwirken.

Zubehör

Zu einigen Mikrofonen gibt es einen passenden Halter, um das Mikro auf einem Ständer zu befestigen. Es kann sein, dass das Gewinde des Halters nicht zu dem am Mikrofonständer passt. Dieses Problem lässt sich mit einem 3/8" > 5/8" – *Gewindeadapter* lösen.

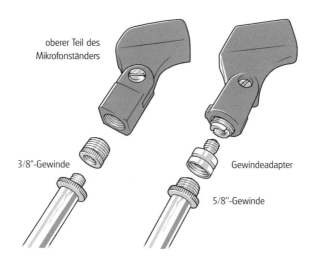

oberer Teil des Mikrofonständers

3/8"-Gewinde

Gewindeadapter

5/8"-Gewinde

Verschiedene Mikrofonhalter und Gewindeadapter.

Kasten

Ein stoßfester Kasten mit weichem Innenfutter verlängert die Lebenserwartung deines Mikros erheblich. Ein Mikrofonbeutel bietet nicht so viel Schutz.

Poppfilter

Die meisten Gesangsmikrofone haben einen eingebauten Poppfilter, um *Plopp-Geräusche*, d. h. die „Explosionen", die beim Singen von Plosiven (z. B. P, B, T) entstehen, abzuschwächen. Ein eingebauter *Poppfilter* besteht meist aus einer dünnen Schaumstoffschicht auf der Innenseite des Einsprachekorbs.

Mehr

Du kannst auch eine dickere Schaumstoffschicht über dem Korb verwenden. Solche Überzüge schwächen neben den Plopp- auch die Windgeräusche im Freien ab – was erklärt, warum sie auch als *Windschutz* bezeichnet wer-

Ein Großmembran-Studiomikrofon mit Poppfilter.

den. Ein Windschutz schwächt außerdem den starken Luftstrom von Zischlauten (S, Z, SCH, TSCH etc.) ab und schützt das Mikrofon vor Atemfeuchtigkeit. Brillanz, Transparenz und Klarheit können jedoch darunter leiden. Ein Windschutz ist oft in verschiedenen Farben erhältlich.

Poppfilter im Studio
Ein Studio-Poppfilter oder *Popper Stopper* ist entweder eine Schaumstoffscheibe oder ein Stück Stoff in einem runden Rahmen, der vor dem Mikrofon angebracht ist. Er ist *akustisch durchlässig*, schwächt aber die Geräusche von Plosivlauten ab.

Schräg singen
Eine weitere Möglichkeit zur Abschwächung von Plopp-Geräuschen ist, das Mikrofon nicht direkt vor den Mund, sondern etwas schräg und tiefer zu halten.

EIN GUTES MIKROFON
Beim Kauf eines Mikrofons geht es letztendlich darum, das Gehör zu benutzen und jenes Modell zu finden, mit dem

deine Stimme am besten klingt. Natürlich musst du zuerst wissen, worauf du beim Hören achten solltest, um die richtige Wahl zu treffen.

Lesen und ausprobieren

Um ein gutes Mikrofon zu finden, kannst du – bewaffnet mit den obigen Informationen – einfach in ein Geschäft gehen und um Hilfe bitten. Wenn du dich noch besser vorbereiten willst, kannst du dir Mikrofonkataloge besorgen, Beurteilungen in Musikzeitschriften lesen und die Internetseiten der Hersteller besuchen. Vor allem aber solltest du ein paar Mikrofone ausprobieren, bevor du dich zum Kauf entschließt. Ein guter Verkäufer kann dir helfen, anhand von Stimmumfang, Timbre und Musikstil eine Auswahl zusammenzustellen.

Ein paar

Die beste Situation zum Ausprobieren eines Mikrofons ist in deiner Band, entweder im Proberaum oder live. Es gibt nicht allzu viele Geschäfte, die Mikros verleihen, aber vielleicht kannst du dir zwei oder drei verschiedene Modelle von anderen Sängern ausleihen. Probier sie nacheinander aus, damit du sie wirklich vergleichen kannst, und konzentrier dich auf die feinen Unterschiede.

Aufnehmen

Wenn du Mikrofone in einem Laden beurteilen musst, kannst du vielleicht eine Aufnahme von deiner Band mitnehmen, damit du deine Stimme im richtigen Kontext hören kannst.

Genauso laut

Wenn du Mikrofone ausprobierst, entweder live oder in einem Geschäft, schließt du sie am besten an einem Mischpult an und stellst sie alle gleich laut. Verwende weder EQ (Bässe, Höhen und Mitten sollten in neutraler Position sein), noch Reverb (Hall) oder sonstige Effekte. Du solltest einfach singen und genau zuhören. Um wirklich den Klang und nicht Preis, Design oder Markennamen zu beurteilen, solltest du die Augen schließen und jemand anderen bitten, dir die Mikrofone nacheinander zu geben.

Zwei oder drei

Wenn du dir zu viele Mikros nacheinander anhörst, gerätst du durcheinander. Probier zwei oder drei aus, ersetze das Mikro, das dir am wenigsten gefallen hat, durch ein anderes und so weiter. Nach zehn oder fünfzehn Minuten solltest du eine Pause einlegen. Wenn du schon ein Mikrofon hast und ein besseres möchtest, solltest du es mitnehmen: Dein eigenes Mikrofon ist ein guter Anhaltspunkt.

Alles

Singe hoch, tief, laut und leise – singe alles, was du mit dem Mikro singen willst. Die lautesten Töne sollten nicht verzerrt klingen und die leisesten Texte sollten makellos und direkt aufgenommen werden. Wenn du allmählich lauter wirst, sollte der verstärkte Klang ebenfalls allmählich lauter werden. Tiefe Töne sollten klar und nicht zu bassig klingen, und hohe Töne sollten Volumen haben.

Neutral

In den meisten Studios sollten Mikros völlig neutral sein und nur aufnehmen, was sie „hören". Auf der Bühne würdest du mit einem solchen Mikrofon jedoch etwas flach klingen. Livemikros müssen der Stimme etwas Farbe verleihen.

Frequenzcharakteristik

Die Klangfärbung der Stimme durch das Mikrofon, d. h. wie ein Mikro „klingt", gehört zu den wichtigsten Dingen, auf die du beim Hören achten solltest. Häufig sind Mikrofone in verschiedenen Frequenzbereichen unterschiedlich empfindlich. Dies wird als *Frequenzcharakteristik* bezeichnet.

Linear oder nicht?

Ein völlig neutrales Mikro hat einen *linearen* Frequenzgang. Live-Gesangsmikros verstärken bestimmte Frequenzbereiche und schwächen andere etwas ab. Dadurch wird der Klang entweder wärmer, aggressiver, heller, kraftvoller, weicher und offener oder fett, voll, zart, satt, trocken, zischend, scharf, dünn, voluminös, heiser, rund, rau, mild, schrill, kraftvoll, grell, peppig, lebhaft, knackig oder dunkel …

Hoch und tief

Bei der Beurteilung von Mikrofonen solltest du zwar auf ihren Gesamtklang achten, aber auch versuchen zu unterscheiden, was sie mit deinen tiefsten bzw. höchsten Tönen machen. Mikrofone können zum Beispiel bei hohen Frequenzen hervorragend klingen und in der Tiefe schwach sein. Oder sie haben warme, voll klingende Tiefen, aber schrille, dünne Höhen; oder tolle Höhen und Tiefen, aber dafür zu starke oder zu schwache Mitten.

Deine Stimme kennen

Das Ziel ist, ein Mikrofon zu finden, dessen Eigenschaften bestimmte Charakteristika deiner Stimme hervorheben oder ausgleichen. Wenn deine Stimme eher etwas dünn klingt, wird sie mit einem hell klingenden Mikro noch dünner klingen – also solltest du eines kaufen, das deine Stimme etwas wärmer und voller macht. Umgekehrt, wenn dein natürlicher Klang etwas gedämpft ist, solltest du ein Mikro kaufen, das deine Stimme etwas klarer macht. Es gibt Mikrofone, die sich sehr gut für Sänger mit einer vollen Stimme eignen, und andere, die junge, helle und klare Stimmen betonen und so weiter. Je besser du einem Verkäufer deine Stimme beschreiben kannst, desto besser kann er dir helfen.

Verdecken oder hervorheben

Mit einigen Mikrofonen klingt jeder gut, da feine, unerwünschte Nuancen verdeckt werden. Leider werden auch die erwünschten Nuancen verdeckt. Mit anderen Worten: Mit diesen Mikrofonen klingt zwar jeder akzeptabel, aber auch niemand außergewöhnlich. Je besser du singst, desto mehr solltest du auf ein Mikrofon achten, das deine Qualitäten hervorhebt und die Feinheiten deiner Stimme nicht verdeckt.

Proximity-Effekt

Mikrofone mit Nierencharakteristik klingen wesentlich bassiger und wärmer, wenn man dichter herangeht. Viele Sänger nutzen diesen *Proximity-Effekt* zu ihrem Vorteil, da die zusätzliche Wärme und Tiefe ihrer Stimme schmeichelt. Beachte, dass einige Mikrofone dröhnen und dumpf klingen, wenn du zu dicht herangehst, während andere am besten klingen, wenn die Lippen den Korb berühren.

Abstände

Mikrofone reagieren auch unterschiedlich auf größere Abstände. Probier jedes Mikrofon mit verschiedenen Abständen aus und achte darauf, wie sich das auf deine Darbietung auswirkt.

Winkel

Verändere auch den Winkel des Mikrofons. Konzentriere dich darauf, was im hohen Frequenzbereich passiert, wenn du aus der „Standard"-Position (ca. 45°) herausgehst.

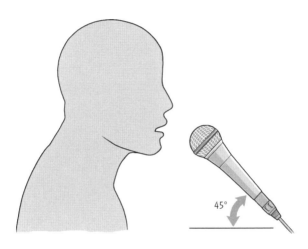

Die meisten Sänger halten ihr Mikrofon in einem Winkel von etwa 45°.

Plosive und Zischlaute

Beachte, dass die Empfindlichkeit gegenüber Plosivlauten (siehe Seite 76) und Zischlauten (siehe Seite 137) sehr unterschiedlich sein kann.

Rückkopplung

Die *Rückkopplungsdämpfung* ist in einem Geschäft nur schwer zu überprüfen, aber es ist gut zu wissen, dass einige Mikros anfälliger für diesen gruseligen Effekt sind als andere, und zwar unabhängig von ihrer Richtcharakteristik. Wenn du oft in einer Umgebung singst, in der das Risiko einer Rückkopplung besteht (in einer lauten Band, mit vielen Lautsprechern, in kleinen Räumen mit harten Wänden), solltest du nach einem Mikrofon mit hoher

Rückkopplungsdämpfung Ausschau halten – obwohl du nicht immer das bekommst, was versprochen wurde.

Körperschalldämpfung

Probier auch die Körperschalldämpfung der Mikros aus. Ein elastischer Gummiring im Inneren und gummierte Griffe helfen zum Beispiel.

Fühlt sich gut an

Das perfekte Mikrofon klingt super, fühlt sich aber auch gut an. Der Griff sollte nicht zu breit oder zu schmal für deine Hände sein, das Gleichgewicht des Mikros sollte angenehm und das Gewicht akzeptabel sein. Beachte, dass geringfügige Unterschiede eine große Rolle spielen können, wenn du das Mikro eine Stunde lang gehalten hast.

Gewicht

Viele gängige Mikrofone wiegen etwa 200–350 Gramm, aber es gibt auch Modelle, die 450 Gramm oder mehr wiegen. Funkmikrofone sind immer etwas größer und haben wegen des eingebauten Senders ein anderes Gleichgewicht.

Daten oder Gehör?

Mikrofonkataloge enthalten oft mehr technische Daten als dir lieb ist. Die Hersteller geben all diese Zahlen wahrscheinlich an, weil es einfacher ist, Klang in Zahlen und Frequenzkurven anzugeben als ihn mit Worten zu beschreiben. Die Beurteilung eines Mikrofons aufgrund seiner technischen Daten erfordert viel Fachwissen und Erfahrung – also verlässt du dich besser auf dein Gehör.

UND MEHR

Weitere Informationen über Wartung, Ersatzteile, Markennamen und – noch einmal – Rückkopplung.

Einsprachekorb und Poppfilter

Wenn du beim Singen den Mund relativ dicht am Mikrofon hast, solltest du es von Zeit zu Zeit reinigen. Einige Sänger machen das zwar selbst, aber das Abnehmen des Korbs ist nicht immer leicht, und das Herausnehmen und richtige Wiedereinsetzen eines eingebauten Poppfilters kann sehr schwierig sein. Aus diesem und anderen Gründen ist es ratsam, das Mikro von einem Fachmann reinigen zu lassen: Frag deinen Händler.

Ersatzteile

Mikrofonkabel sind sehr empfindlich. Stelle dich nicht drauf, ziehe nicht daran, und nimm immer ein Ersatzkabel mit. Kabel sind in verschiedenen Längen bis 10m oder mehr erhältlich. Wenn dein Mikro mit Batterien betrieben wird, solltest du immer Ersatzbatterien dabeihaben.

Ersatzmikro

Einige Sänger bringen sogar ein Ersatzmikro mit. Oder sie haben sowieso zwei verschiedene – zum Beispiel eines für laute Rocksongs und ein anderes für sanfte Balladen. Oder Mikros mit unterschiedlichen Richtcharakteristiken, um den Bedingungen verschiedener Veranstaltungsorte oder Proberäume Rechnung zu tragen. Oder ein dynamisches für Liveauftritte und ein Kondensatormikro fürs Studio. Oder ein Kabelmikro, falls der Sender kaputtgeht oder …

Studiomikrofone

Willst du deine Stimme beim Üben, für Demotapes oder andere Zwecke aufnehmen? Es gibt immer mehr erschwingliche Studio-Kondensatormikrofone. Einige dieser sehr empfindlichen, großmembranigen Mikros (siehe Abbildung auf Seite 137) kosten zweihundert Euro oder weniger. In professionellen Studios werden ähnliche Mikrofone verwendet, die mindestens zehnmal so viel kosten.

In-Ear-Monitore

Wenn du überwiegend mit Verstärker singst, kannst du dir ein Paar In-Ear-Monitore kaufen anstatt die herkömmlichen Monitorboxen zu benutzen. In-Ear-Monitore verhindern Rückkopplung, und ihr Klang und ihre Lautstärke verändern sich nicht, wenn du auf der Bühne hin und her läufst. Das Wichtigste ist aber, dass sie nicht mit dem Klang der Band konkurrieren müssen: Sie befinden sich in den Ohren, d.h. du kannst sie in mäßiger Lautstärke benutzen. Das verhindert Hörschäden (sie dämpfen auch den Klang der Band!) und schont die Stimme, da du dich nicht anstrengen musst, um die Band zu übertönen. Dadurch kannst du auch die Töne besser treffen und deinen Auftritt allgemein verbessern. Ein Nachteil ist, dass sie die Kommunikation mit deinen Bandkollegen und dem Publikum behindern können. Drahtlose In-Ear-Monitore sind ab ca. sieben- oder achthundert Euro erhältlich.

Mikrofonmarken
Zu den bekanntesten Mikrofonmarken gehören AKG, Audio-Technica, Audix, Behringer, Beyerdynamic, Crown, Electro Voice, Neumann, Samson, Sennheiser und Shure.

Nie
Ein Tipp: Viele Musiker und Techniker werden durch Rückkopplung vorübergehend taub, wenn sie zu dicht an einem Lautsprecher stehen, der diesen lauten, durchdringenden Klang von sich gibt. Wenn du derjenige bist, dessen Mikrofon die Rückkopplung auslöst, solltest du es nicht mit der Hand bedecken, sondern es einfach vom Lautsprecher weg halten – und es nie mehr so halten, dass seine empfindlichen Bereiche auf einen Lautsprecher gerichtet sind.

EFFEKTE
Der am häufigsten verwendete elektronische Effekt für Sänger ist *Hall* (*Reverb*), durch den die Stimme etwas mehr Tiefe bekommt und nicht so trocken klingt. Aber es gibt noch andere gute Effekte. Einige Sänger kaufen gerne ihre eigenen Geräte, andere benutzen die PA-Anlage und Effekte der Band. Hier sind ein paar grundlegende Informationen über Geräte, die nützlich für dich sein können.

Hall
Die meisten Hallgeräte oder eingebauten Halleffekte sind Digitalgeräte mit vielen verschiedenen Einstellmöglichkeiten. Oft kannst du das akustische Modell eines Raums wählen (eine Kirche hat zum Beispiel einen anderen Hall als ein Saal), und du kannst die Länge des Halls und das „Predelay" (wie lange es dauert, bevor man den Hall hört) einstellen.

Kompressor
Texte gehen leicht unter, wenn du zu laut oder zu leise singst. Ein *Kompressor* kann den Lautstärkegrad ausgleichen. Er macht die Stimme lauter, wenn sie zu leise ist und reduziert die Lautstärke, wenn du zu laut bist.

Andere Effekte

Es gibt noch viele andere Effekte für deinen Gesang. Ein paar Beispiele? Ein *Echo* (*Delay*) kann deine Stimme verdoppeln und etwas voller klingen lassen. Ein *Exciter* lässt dich plastischer klingen. Ein *De-Esser* schwächt Zischlaute ab (siehe Seite 137). Du willst ein paar Backing-Vocals, aber alle von dir selbst gesungen? Dafür gibt es Geräte, die deine Stimme multiplizieren und beim Singen zusätzlich Mehrstimmigkeit erzeugen.

Gitarreneffekte

Einige Sänger experimentieren gerne mit Effekten, die hauptsächlich von Gitarristen benutzt werden, zum Beispiel *Verzerrer*, *Flanger*, *Wah-Wah* oder *Chorus*. Sie werden meist eingesetzt, um den Klang der Stimme zu verändern und nicht zu verbessern.

Workstations für Sänger

Verschiedene Firmen bieten spezielle Effektgeräte für Sänger an, z. B. Workstations oder Effektprozessoren. Sie enthalten oft die oben genannten Effekte sowie andere Besonderheiten.

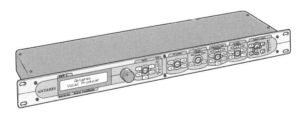

Spezialgerät für Sänger mit Pitch Transposer, Microphone Modeling, Kompressor, De-Esser etc. (Antares)

Pitch Transposer

Einige Besonderheiten sind ein *Pitch Transposer* (der die Tonhöhe in Echtzeit korrigiert!) und *Microphone Modeling* (der eine Vielzahl von virtuellen Mikrofonmodellen anbietet).

Verstärker und PA-Anlage

Denkst du über den Kauf eines eigenen Verstärkers oder einer PA-Anlage nach? Dann solltest du das *Pocket-Info Verstärker und Effekte* lesen.

10. ZURÜCK IN DER ZEIT

Die Stimme ist das älteste Instrument der Welt. In diesem Kapitel werden nur ein paar wichtige Punkte einer Geschichte hervorgehoben, die größtenteils im Dunkeln bleiben wird.

Nichts ist wirklich sicher, wenn es um die frühe Geschichte der Singstimme geht, und es gibt viele Diskussionen darüber, wie und wann Dinge in neuerer Zeit entstanden sind.

Sichere Annahme

Man kann davon ausgehen, dass die Menschheit seit Hunderttausenden von Jahren singt – im Alltag, in Zeremonien und Ritualen und später in den Theatern. Eine gängige Theorie betrachtet das Singen als Kunstform, die aus dem Vortragen von Texten entstand, als die Menschen merkten, dass eine Melodie zum Text ihre Botschaft hervorhob und ausschmückte.

Gregorianische Gesänge

Die Geschichte der Stimme kann nur ab dem Zeitpunkt studiert werden, als die Musik aufgeschrieben wurde. Einige der frühesten westlichen Notenbeispiele sind die Gregorianischen Gesänge, die etwa vierzehnhundert Jahre zurückreichen.

Einstimmig

Jahrhundertelang waren die Gregorianischen Gesänge einstimmig: Es gab nur eine einzige Melodie und sonst nichts. Der Sänger wurde als *Tenor* bezeichnet – der die Melodie „hielt" – abgeleitet vom lateinischen Wort *tenere* (halten).

Bassus, Altus, Superius

Um 1100 kam eine zweite, etwas tiefere, und später eine dritte, etwas höhere Melodielinie hinzu. Die zusätzlichen Sänger wurden als *Kontratenor bassus* bzw. *Kontratenor altus* bezeichnet (altus bedeutet „hoch"). Eine vierte, noch höhere Stimme wurde vom *Superius* gesungen.

Stimmlagen

Daher stammen die heutigen Bezeichnungen für die Stimmlagen. Ursprünglich bezogen sie sich nicht auf den Stimmumfang des Sängers oder auf dessen Timbre, sondern auf die *Stimme*, die er sang.

Polyphonie

In den darauf folgenden Jahren entwickelte sich die *Polyphonie* („Mehrstimmigkeit") noch weiter, und Chöre hatten bis zu acht Stimmen. Es ist natürlich möglich, dass die Polyphonie in anderen Kulturen viel früher entstand.

Falsettisten und Kastraten

Ursprünglich wurden die höchsten Stimmen in der westlichen Polyphonie von Männern im Falsettregister gesungen. Im sechzehnten und siebzehnten Jahrhundert wurden diese Falsettisten allmählich durch Kastraten ersetzt – Sänger, die vor der Pubertät „entmannt" wurden, um ihre Knabenstimme zu erhalten. Einigen Quellen zufolge stellte die byzantinische (griechisch-orthodoxe) Kirche schon im dreizehnten Jahrhundert Kastraten ein.

Frauen?

Warum wurden die hohen Stimmen nicht von Frauen gesungen? Weil sie keine liturgischen Gesänge in der Kirche singen durften. Übrigens basierte dieses Verbot auf einer Fehlinterpretation eines Befehls des Apostels Paulus im Neuen Testament.

Oper

Die Oper entstand um 1600 in Italien als Reaktion auf die Polyphonie, in der die Texte immer unverständlicher wurden. Von Anfang an spielten Kastraten in der Oper eine große Rolle. Ihr Stimmumfang war dem des heutigen Soprans bzw. Mezzosoprans ähnlich.

Frauen!

In der Oper wurden die Kastraten im späten achtzehnten Jahrhundert von Sängerinnen abgelöst. Ab dem späten siebzehnten Jahrhundert wurden Sängerinnen in der weltlichen (nicht religiösen) Musik langsam akzeptiert.

Kräftiger

Lange Zeit hatte die ideale Singstimme ein helles Timbre. Lautstärke und Tragfähigkeit waren eher zweitrangig. Das veränderte sich in der ersten Hälfte des neunzehnten Jahrhunderts. Größere Opernhäuser und größere Orchester erforderten größere Stimmen bzw. mehr Lautstärke – eine Entwicklung, die bis ins zwanzigste Jahrhundert andauerte.

Neue Möglichkeiten

Im zwanzigsten Jahrhundert entwickelten Komponisten und Sänger neue Möglichkeiten, die Stimme zu nutzen. Es finden sich Kompositionen, in denen die Stimme elektronisch manipuliert wird, in denen Sprechgesang und andere vokale Ausdrucksformen (wie z. B. Schmatzen, Blaffen, Schlürfen, Stöhnen, Grunzen etc.) gelegentlich zur Anwendung kommen.

Tonumfang und Dynamik

Zusammenfassend kann man sagen, dass sich die Stimme mit den zunehmenden musikalischen Anforderungen enorm weiterentwickelt hat. Der Bereich, den Sänger früher abzudecken hatten (er umfasste etwa eineinhalb Oktaven) wurde um mehr als eine Oktave erweitert. Der dynamische Umfang nahm ebenfalls zu, genau wie die verschiedenen Möglichkeiten, die Stimme einzusetzen – von Gregorianischen Gesängen bis zur experimentellen Musik.

Stimme und Instrumente

Es bestand von jeher eine starke Wechselbeziehung zwischen der Singstimme, dem jeweiligen zeitgenössischen Instrumentarium und der Musik einer Epoche. Neue Kompositionen erforderten neue Instrumente oder andere Spiel- bzw. Gesangstechniken. Diese neuen Möglichkeiten regten ihrerseits die Komponisten zu neuen, moderneren Kompositionen an.

Beatles und Stones

In der nicht klassischen Musik sind diese Beziehungen mindestens genauso stark. Der reine Klang einer Big Band in der Swing-Ära erforderte ein anderes Timbre als der Bebop der vierziger Jahre. E-Gitarren erforderten wieder einen anderen Gesangsstil, und das Timbre von Paul McCartneys Stimme passt definitiv besser zu den Beatles als zu den Rolling Stones – und umgekehrt hätte Mick Jagger bei den Beatles völlig fehl am Platz gewirkt.

Das Mikrofon

Nicht klassische Sänger klangen bis Anfang des zwanzigsten Jahrhunderts, als das Mikrofon auf den Markt kam, meist fast genauso wie ihre klassischen Kollegen. Mit Hilfe der Verstärkung konnten die Sänger jetzt ihren gesamten dynamischen Umfang nutzen, vom Flüstern bis zum Brüllen, und ihrer Stimme neue Klangfarben verleihen, ohne sich über deren Tragfähigkeit Sorgen machen zu müssen. Auch Blues-Shouter mussten nicht mehr schreien, um gehört zu werden – allerdings wurde ihre Art zu singen dadurch kaum anders.

Scat, Vocalese, Rap ...

Mit den Jahren fanden Sänger in vielen verschiedenen Musikstilen neue Möglichkeiten für ihre Stimme: Louis Armstrongs *Scat Singing* (Texte werden durch nichtssagende Silben ersetzt, *doo bee dooa* etc.) in den zwanziger Jahren, Eddie Jeffersons *Vocalese Singing* (Singen von Texten zu bekannten Instrumentalsolos) in den vierziger Jahren, der nörgelnde Sprechgesang des Rap Ende der siebziger Jahre, der schmutzige, raue, heulende, verzerrte Sound des Grunge in den achtziger Jahren ...

Erfindungen

Zwei technische Erfindungen sind für die Entwicklung der Gesangskunst von großer Bedeutung. Eine ist das Mikrofon und die damit verbundenen Geräte. Die andere ist das *Laryngoskop* (Kehlkopfspiegel), ein Instrument, mit dem sein Erfinder, der spanische Bariton und Lehrer Manuel García, die Stimmlippen sehen und untersuchen konnte. Garcías Laryngoskop und sein berühmtes Buch *Traité complet de l'art du chant* (*Eine vollständige Abhand-*

lung über die Kunst des Singens) stammen aus den vierziger Jahren des neunzehnten Jahrhunderts.

Noch nicht

In den darauf folgenden Jahren wurden viele neue Instrumente und Methoden zur Erforschung der Stimme entwickelt, und im Zuge dieser Entwicklungen wurden viele neue Entdeckungen gemacht. Aber selbst jetzt sind noch viele Fragen offen – was Sänger jedoch nicht von ihren Bemühungen abhält, ihr Instrument weiterzuentwickeln und zu verbessern.

MINI-LEXIKON UND INDEX

Das Mini-Lexikon enthält Kurzdefinitionen der meisten in diesem Buch verwendeten Fachbegriffe. Die Zahlen beziehen sich auf die Seiten, auf denen der Begriff ausführlicher beschrieben ist. Außerdem findest du einige Ausdrücke, die in diesem Buch zwar nicht vorkommen, auf die du aber vielleicht woanders stößt.

Alt Siehe: *Stimmgattungen*.

Alter *(28, 97)* Die Stimme verändert sich mit zunehmendem Alter.

Altus Männlicher Alt. Siehe: *Stimmgattungen*.

Anlaut Beginn (erster Laut) eines Wortes.

Ansatz *(77, 78)* Art und Weise der Tonbildung und -formung in den Resonanzräumen. Man kann Töne am Brustbein, hinter den Zähnen, hinter der Nase (Maskensitz), am weichen Gaumen, an der Stirne etc. ansetzen.

Ansatzrohr *(15–17, 48, 50, 53, 54, 58, 63)* Rachenraum, Mund- und Nasenhöhle bilden das Ansatzrohr des Stimmapparates. Es wirkt als Resonator. Dort erhält die Stimme ihren charakteristischen Klang bzw. ihr Timbre. Vokale, Konsonanten sowie zahlreiche andere Klänge werden gebildet, indem die Form des Ansatzrohrs mit Hilfe der Artikulationswerkzeuge verändert wird. Siehe auch: *Artikulationswerkzeuge*.

Artikulation *(73–77)* Veränderung der Form der Resonanzräume, um Vokale, Konsonanten und andere

Klänge hervorzubringen. Siehe auch: *Ansatzrohr.*

Artikulationswerkzeuge *(53, 73–77)* Mit dem Unterkiefer, den Lippen, der Zunge und dem weichen Gaumen (Velum) kannst du Vokale, Konsonanten und andere Klänge formen bzw. artikulieren und das Timbre deiner Stimme beeinflussen.

Atemgürtel Bauchdecke, Rücken und Flanken bilden den Atemgürtel. Siehe auch: *Belting.*

Atemstütze (appoggiare la voce) *(66–68, 91)* Stützen des Atems, hauptsächlich durch Tiefhalten des Zwerchfells. In allen Musikstilen eine der Grundvoraussetzungen für guten Gesang.

Atmung *(42, 43, 45, 105, 118)* Um gut zu singen, musst du richtig atmen. Da die meisten Menschen die angeborenen „Urfunktionen" des Atmens verlernt haben, kann es sein, dass sich die richtige Atemtechnik für dich zunächst einmal unnatürlich anfühlt. Paradox, aber leider wahr.

Auslaut Ende (letzter Laut) eines Wortes.

Bass Siehe: *Stimmgattungen.*

Bariton Siehe: *Stimmgattungen.*

Bell register Siehe: *Pfeifregister.*

Belting *(66, 90–92)* Fixieren des Atemgürtels (Bauchdecke, Rücken, Flanken), um das natürliche Schwingen des Zwerchfells zu unterbinden. Diese Technik kann angewendet werden, wenn ein vibratoloser Ton erforderlich ist. Vor allem Musicalsänger nutzen das Belting, um hohe Töne laut und markant „herauszuschleudern".

Bruch Siehe: *Passaggio.*

Brustregister *(21, 22, 57, 81–83, 85–87, 89, 91, 100)* Tiefste Lage einer Stimme. Klassische Sänger setzen sie „hinter den Vorderzähnen" an. Wird auch als Bruststimme oder Brustresonanz bezeichnet. Man spürt die Vibrationen der Töne deutlich in der Brust.

Brustresonanz Siehe: *Brustregister.*

Bruststimme Siehe: *Brustregister.*

Cardioid Siehe: *Richtcharakteristik.*

Decken *(50, 51)* Absenken des Kehlkopfes und Verändern der Resonanzräume, um Vokale dunkler klingen zu lassen.

Dramatisch *(96)* Ein dramatischer Tenor (Heldentenor) hat ein schwereres bzw. dunkleres Timbre als ein *lyrischer* Tenor. Siehe: *Lyrisch.*

Dynamisches Mikrofon *(126–127)* Häufigstes Bühnen- und Livemikrofon. Robust, zuverlässig, erschwinglich. Wärmerer, runderer und weicherer Klang als *Kondensatormikrofone.* Benötigt keine eigene Stromversorgung. Siehe auch: *Kondensatormikrofon.*

Einsatz *(78)* Der Beginn der Stimmgebung. Man unterscheidet zwischen *weichem (Stell-)Einsatz, hartem Einsatz (Glottisschlag, Knacklaut, glottal attack)* und *gehauchtem Einsatz.* Siehe auch: *Harter Einsatz.*

Einsingen *(34, 106, 107)* Wichtige Vorbereitungs- und Aufwärmübungen für die Stimme.

Elektret *(Fast)* alle modernen Kondensatormikrofone sind so genannte *Elektretmikrofone.* Ein spezieller Kunststoff (Elektret) auf

der hinteren Elektrode sorgt für eine dauerhafte Polarisierung des Kondesators.

Falsett *(21, 82–85, 94, 95, 97, 147)* Teilfunktion der Vollstimme, bei der hauptsächlich die Ränder der Stimmlippen schwingen, wobei sich die Stimmritze nicht ganz schließt. Sowohl Männer- als auch Frauenstimmen verfügen über ein Falsett. Bei Frauen wird es meist als *Pfeifregister* bezeichnet.

Feedback Siehe: *Rückkopplung.*

Frequenzcharakteristik *(139, 140)* Die Reaktion eines Mikrofons in unterschiedlichen Frequenzbereichen.

Gemischte Stimme (voix mixte) *(86, 91)* Bezeichnet das Verschmelzen aller Register zu einer einheitlichen Stimmfunktion ohne Register„brüche". Physiologisch gesehen sind über den gesamten Stimmumfang hinweg alle Register (mit je nach Tonlage unterschiedlicher Gewichtung) permanent „in Betrieb". Der Umbau der Spannungsverhältnisse im Kehlkopf vollzieht sich kontinuierlich. Das Ideal der klassischen Gesangtechnik. Siehe auch: *Register.*

Glissando Das nahtlose Gleiten von einer Tonhöhe in eine andere.

Glottis Siehe: *Stimmritze.*

Glottisschlag Siehe: *Harter Einsatz.*

Grundton *(52)* Wenn du ein A1 singst, öffnet und schließt sich die Stimmritze 440-mal pro Sekunde (440 Hz). Dies ist der Grundton bzw. die Grundfrequenz. Wie jedes andere Instrument erzeugt die Stimme eine Reihe von schwächer klingenden Obertönen, deren Frequenzen Vielfache der jeweiligen Grundtonfrequenz sind (z. B. 880 Hz, 1.320 Hz etc).

Harter Einsatz (Glottisschlag) *(77)* Stimmeinsatz mit geschlossener Stimmritze, wobei sich die Atemluft unter der Kehle staut und explosionsartig freigegeben wird.

Hohes C *(24)* Für Tenöre ist das hohe C ein C2, für Soprane ein C3, d. h. eine Oktave höher. Beim Singen des C3 öffnet und schließt sich die Stimmritze nicht weniger als 1.056-mal pro Sekunde. Einige Sängerinnen schaffen sogar das C4 (2.112 Hz)

Internationales Phonetisches Alphabet (IPA) *(123)* Phonetische Umschrift, mit deren Hilfe man die Aussprache aller bekannten Sprachen angeben kann. Diese *Lautschrift* kennt wohl jeder noch aus dem Englischunterricht in der Schule.

IPA Siehe: *Internationales Phonetisches Alphabet.*

Kastrat *(97, 147, 148)* Sänger, der vor dem Einsetzen der Pubertät entmannt wurde, um seine Knabenstimme zu erhalten. Kastraten haben früher in der Kirche und in Opern gesungen.

Kehlkopf (Larynx) *(15, 17–20, 28, 49–51, 60, 79, 98, 113)* Besteht aus vier Knorpeln (Schildknorpel, Ringknorpel, zwei Stellknorpel), die durch ein komplexes System aus Bändern und Muskeln zusammengehalten werden. Im Kehlkopf befinden sich die Stimmlippen. Sie sind mit der Innenseite des Schildknorpels sowie mit den beiden Stellknorpeln verbunden. Der Schildknorpel ist beim Mann außen als „Adamsapfel" sichtbar.

Knötchen Siehe: *Stimmbandknoten.*

Kondensatormikrofon *(125–129)* Präziser, klarer,

direkter, knackiger und empfindlicher als ein *dynamisches Mikrofon*. Wird im Studio und zunehmend auch auf der Bühne benutzt. Benötigt eine externe Stromversorgung (Batterie, Phantomspeisung). Siehe auch: *dynamisches Mikrofon, Phantomspeisung*.

Kontratenor Siehe: *Stimmgattungen*.

Kopfregister *(21, 57, 81, 82, 84–89)* Höchste Lage einer Stimme. Hier schwingen nur die Ränder der Stimmlippen. Das reine Kopfregister hat einen relativ kernlosen Klang. Es trägt seinen Namen unter anderem deshalb, weil die Stimme aus dem Kopf zu kommen scheint. Wird auch als Kopfstimme oder Kopfresonanz bezeichnet. Nicht zu verwechseln mit *Falsett* (siehe dort).

Kopfresonanz Siehe: *Kopfregister*.

Kopfstimme Siehe: *Kopfregister*.

Kugelcharakteristik *(129–131)* Ein Mikrofon mit Kugelcharakteristik nimmt Schallwellen gleichmäßig aus allen Richtungen auf. Siehe auch: *Richtcharakteristik*.

Larynx Siehe: *Kehlkopf*.

Legit voice, legitimate voice *(92)* Bezeichnet im (Broadway-)Musical-Gesang eine Stimme mit eher klassisch gefärbtem Timbre.

Lyrisch *(96)* Eine lyrische Stimme ist eine flexible und vielseitige Stimme mit einem relativ hellen Timbre; ein Heldentenor (dramatisches Fach) hat ein dunkleres und schwereres Timbre als ein lyrischer Tenor.

Membran *(126, 127)* Extrem dünnes, flexibles Plättchen bzw. Folie in einem Mikrofon. Die Schallwellen versetzen die Membran in Schwingung. Diese Schwingungen werden in elektrische Impulse umgewandelt, die dann verstärkt werden können.

Messa di voce *(33, 67)* An- und Abschwellen eines Tones.

Mezzosopran Siehe: *Stimmgattungen*.

Mittelregister *(82, 84)* Mittlere Lage einer Stimme. Bezeichnet in der klassischen Gesangstechnik eine offene, „vorn sitzende", metallische Tonqualität, den Kern der Stimme. Wird auch als Mittelstimme bezeichnet.

Mittelstimme Siehe: *Mittelregister.*

Mutation Siehe: *Stimmbruch.*

Nierencharakteristik Siehe: *Richtcharakteristik.*

Obertöne *(51–54)* Jeder Ton, den du singst, wird von einer Reihe von so genannten Obertönen überlagert. Dieses Obertonspektrum, d. h. die Mischung und das unterschiedlich starke Hervortreten der einzelnen Teilfrequenzen, macht die Klangfarbe eines Tones aus. So haben zum Beispiel die Vokale „A" und „O" ein unterschiedliches Obertonspektrum, auch wenn sie von derselben Person und auf derselben Tonhöhe gesungen werden.

Passaggio *(21, 22, 82, 83, 88–90)* Auch als *Registerübergang*, *Registerwechsel* oder *Bruch* bezeichnet. Wechsel der Stimme von einem Register in ein anderes. Siehe auch: *Gemischte Stimme.*

Pfeifregister Die allerhöchste Lage einer Stimme. Siehe auch: *Falsett.*

Phantomspeisung *(128)* Kondensatormikrofone brauchen Strom, der meist durch das Mikrokabel geliefert wird. Dies wird als Phantomspeisung bezeichnet.

Phonetogramm Siehe: *Stimmfeldmessung.*

Polar pattern Siehe: *Richtcharakteristik.*

Polyp *(116, 117)* Wucherung an den Stimmlippen, die meist durch Überanstrengung, Säurerückfluss oder Rauchen verursacht wird.

Poppfilter *(136, 137, 142)* Reduziert hauptsächlich das Geräusch von Plosivlauten (P, B, T etc.). Viele Gesangsmikrofone haben einen eingebauten Poppfilter.

Proximity-Effekt *(140)* Mikrofone mit Nierencharakteristik klingen bassiger und wärmer, wenn man näher herangeht.

Register *(20–22, 57, 81–92)* Viele Experten sind der Ansicht, dass die Singstimme zwei Hauptregister hat: Brustregister (bzw. Bruststimme) und Kopfregister (bzw. Kopfstimme), manche sprechen darüber hinaus noch von einem Mittelregister (bzw. Mittelstimme). Der klangliche Unterschied zwischen diesen Registern beruht auf den unterschiedlich starken Schwingungen bestimmter Bereiche der Stimmlippen. Anderen Theorien zufolge gibt es nur ein Register. Siehe auch: *Gemischte Stimme.*

Registerübergang Siehe: *Passaggio.*

Resonator Siehe: *Ansatzrohr.*

Response pattern Siehe. *Richtcharakteristik.*

Richtcharakteristik *(125, 129–131)* Die Richtcharakteristik eines Mikrofons besagt, aus welchen Richtungen es den Schall bevorzugt aufnimmt. Die meisten Livemikrofone haben eine *Cardioid-* oder *Supercardioidcharakteristik.* Diese Bezeichnungen beziehen sich auf die Form, die das *Polardiagramm* zeigt. Weitere gängige Charakteristiken sind Niere und Superniere, Acht und Keule. Mikrofone mit Kugelcharakteristik nehmen den Schall aus allen Richtungen gleichmäßig auf. Englische Bezeichnungen für Richtcharakteristik sind *polar pattern, response pattern, sensitivity field.*

Ringknorpel *(19, 20)* Ringförmiger Knorpel am obe-

ren Ende der Luftröhre. Bildet zusammen mit dem *Schildknorpel* das Gerüst des Kehlkopfes. Siehe auch: *Kehlkopf, Schildknorpel.*

Rückkopplung *(128, 129, 141, 143, 144)* Das laute Pfeifen, das man hört, wenn ein Mikrofon Klang aus einem Lautsprecher aufnimmt. Englischer Begriff: *Feedback.*

Schildknorpel *(19, 20)* Schildförmiger Knorpel, der auf dem *Ringknorpel* aufsitzt. Bildet zusammen mit diesem das Gerüst des Kehlkopfes. Von seiner Innenseite verlaufen die Stimmlippen zu den rückwärtigen Stellknorpeln. Wenn sich der Schildknorpel auf dem Ringknorpel nach vorne neigt, werden die Stimmlippen angespannt. Der Schildknorpel ist beim Mann von außen als „Adamsapfel" sichtbar. Siehe auch: *Kehlkopf, Ringknorpel.*

Schnarrbass Siehe: *Strohbass.*

Sensitivity field Siehe *Richtcharakteristik.*

Sopran Siehe: *Stimmgattungen.*

Stellknorpel *(18–20)* Die Stimmlippen sind am hinteren Teil des Kehlkopfes mit zwei kleinen, beweglichen Knorpeln, den Stellknorpeln, verbunden.

Stimmbänder
Siehe: *Stimmlippen.*

Stimmbandknoten, Stimmbandknötchen *(116)* sind Vernarbungen von kleineren Rissen im Gewebe der Stimmlippen. Sie treten häufig paarweise auf und können durch jedwede Überbelastung der Stimme entstehen. Das Risiko von Knötchen ist bei Frauen größer, weil das weibliche Bindegewebe weicher und empfindlicher ist als das männliche.

Stimmbruch *(29)* Die physische Entwicklung von der Knaben- zur Männerstimme bzw. von der Mädchen- zur Frauenstimme. Auch *Mutation* oder *Stimmwechsel* genannt.

Stimmfeldmessung Messung des Tonumfangs und des dynamischen Bereichs einer Stimme. Das Ergebnis wird in einem *Stimmumfangsprofil (Phonetogramm)* dargestellt. Kann zur Klassifizierung der Stimme und für therapeutische Zwecke verwendet werden.

Stimmgattungen *(23, 24, 55, 93–100)* Man unterscheidet verschiedene Stimmgattungen, jede mit einem bestimmten Umfang und Timbre. Bei Männern sind das – von unten nach oben – *Bass, Bariton, Tenor* und *Kontratenor,* auch *Altus* oder *Countertenor* genannt, bei Frauen *Kontraalt, Alt, Mezzosopran* und *Sopran,* wobei die Übergänge jeweils fließend sind. In der Opernliteratur werden darüber hinaus noch zahlreiche *Stimmfächer* (lyrisches Fach, dramatisches Fach, Charakterfach etc.) unterschieden.

Stimmlippen *(12–22, 28, 47, 97, 111)* Die Stimmlippen sind für die Tonerzeugung *(Phonation)* zuständig. Vereinfacht ausgedrückt bestehen sie aus Muskelgewebe, das von einer Schleimhaut überzogen ist. Sie bilden die *Stimmritze (Glottis).* Oberhalb der „echten" Stimmlippen befinden sich die so genannten *falschen Stimmlippen* oder *Taschenbänder* (47).

Stimmritze *(12–14, 18, 86, 87)* Die Öffnung zwischen den Stimmlippen, auch *Glottis* genannt. Die Stimmritze wird geschlossen, indem die Stimmlippen zusammengeführt werden.

Stimmumfangsprofil Siehe: *Stimmfeldmessung.*

Stimmwechsel
Siehe: *Stimmbruch.*

Strohbass *(87)* Das allertiefste Register der menschlichen Stimme (unterhalb des Brustregisters). Wird auch als *Schnarrbass* bezeichnet. Die Begriffe deuten den Klang dieses Registers an, der durch eine flatternde Bewegung der Stimmlippen entsteht.

Stütze Siehe: *Atemstütze.*

subglottisch unterhalb der *Glottis (Stimmritze).*

Supercardioid Siehe: *Richtcharakteristik.*

Tenor Siehe: *Stimmgattungen.*

Tremolo *(49, 79)* Eigentlich bezeichnet dieser Begriff den schnellen Wechsel zwischen zwei Tönen. Im sängerischen Bereich verwendet man ihn auch zur Bezeichnung eines zu starken (und zu schnellen) und auf Dauer ungesunden Vibratos, meist hervorgerufen durch rhythmisches Wackeln des Kehlkopfes oder des Unterkiefers.

UHF *(132)* Ultra High Frequency, Bezeichnung eines bestimmten Funkfrequenzbereichs u. a. von drahtlosen Mikrofonen. Höhere Frequenzen ermöglichen kleinere Antennen.

VHF *(132)* Very High Frequency, Bezeichnung eines bestimmten Funkfrequenzbereichs u. a. von drahtlosen Mikrofonen. Höhere Frequenzen ermöglichen kleinere Antennen.

Vibrato *(78–80)* Leichte periodische Tonhöhen- und/oder Lautstärkenänderung eines Tons. Das ideale Gesangsvibrato ist eine Lautstärkenänderung, die durch die natürliche Schwingung des Zwerchfells hervorgerufen wird.

Windschutz *(136, 137)* Mikrofonzubehör. Schwächt hauptsächlich Windgeräusche und Zischlaute ab.

Mikrofon mit Windschutz.

Zwerchfell *(22, 23, 41, 43–45)* Kuppelförmiger Muskel, der den Brustraum vom Bauchraum trennt.

MEHR WISSEN?

Wenn du mehr über die Singstimme erfahren willst, findest du in den folgenden Büchern, Internetseiten und anderen Quellen weitere Informationen. Die nachfolgenden Auflistungen erheben keinen Anspruch auf Vollständigkeit.

ZEITSCHRIFTEN

Es gibt wenige Zeitschriften, die sich speziell mit Gesang und Gesangstechnik befassen. Meist beziehen sie sich eher auf einen Musikstil. Hier ein paar Beispiele:

- *Backspin Hip Hop Magazin,* **www.backspin.de**
- *Die deutsche Bühne, Das Theatermagazin für alle Sparten,* **www.die-deutsche-buehne.de**
- *Opernwelt,* **www.opernwelt.de**

Bücher

Es gibt zahlreiche Bücher zum Thema Gesang. Einige konzentrieren sich auf den klassischen, andere auf den nicht klassischen Gesang und wieder andere behandeln beides. Einige liefern hauptsächlich fachliche Informationen, andere sind Lehrbücher, und einige wenige enthalten beides.

- *Die Kunst des Gesangs, Geschichte – Technik – Repertoire,* Ernst Haefliger (Schott Musik International, Mainz, 2000; 212 Seiten; ISBN 3-7957-8720-3)
- *Pop singen – So machen es die Profis,* Simon Schott (Schott Musik International, Mainz, 2000; 110 Seiten; ISBN 3-7957-5531-X)
- *Rock Voice – Entdecke deine Stimme,* Tona de Brett (Schott Musik International, Mainz; 104 Seiten; ISBN 3-7957-5054-7)

- *Stimme, Spiegel meines Selbst*, Romeo Alavi Kia (Aurum Verlag, Braunschweig, 1991; 168 Seiten; ISBN 3-591-08297-X)
- *Die Stimme in der neuen Musik, Notation und Ausführung erweiterter Gesangstechnik*, Hanna Aurbacher-Liska (Florian Noetzel Verlag, Wilhelmshaven, 2003; 130 Seiten; ISBN 3-7959-0824-8)
- *Stimme und Sprache, Eine Einführung in ihre Physiologie und Hygiene*, Günther Habermann (Georg Thieme Verlag, Stuttgart, 2003, 275 Seiten; ISBN 3-13-556004-X)
- *Vocal Basics – Der Weg vom Sprechen zum Singen*, Billi Myer (Ama Verlag, Brühl, 1996; 259 Seiten; ISBN 3-927190-76-4)
- *Voicecoaching, Das Trainingskonzept für Gesangstechnik*, Karin Ploog (Voggenreiter Verlag, Bonn, 1999, 116 Seiten; ISBN 3-8024-0350-9)

Internet

Das Internet bietet eine Fülle von Informationen für Sänger. Hier ein paar wenige Beispiele für informative Web-Seiten:

- www.2sound.de
- www.forum-stimme.de
- www.gesang.de
- www.gesang.net
- www.gesangskunst.de
- www.musik-macht-freunde.de/gesang.html
- www.operissimo.com
- www.peoplesound.de

Gib doch einfach mal in einer Suchmaschine die Begriffe „Gesang" oder „Stimme" ein. Du wirst staunen, wie viele Treffer du erhältst.

Ein Lehrer?

Einige der oben genannten Seiten enthalten Links zu Lehrern. Wenn du nicht fündig wirst, kannst du in einer Suchmaschine die Begriffe „Gesangslehrer", „Gesangsunterricht" oder „Gesangsstunden" etc. eingeben oder die folgende Seite probieren:

- www.musiklehrer.de

Texte

Suchst du den Text eines Popsongs, eines Jazzstandards oder einer Arie? Das Internet kann dir helfen. Besuch eine der folgenden Internetseiten oder such mit einer Suchmaschine und dem Wort „Text" oder „Lyrics" in Verbindung mit dem Songtitel oder dem Namen des Interpreten.

- www.lyriks.de
- www.aria-database.com
- www.lyricalline.com
- www.lyricsfind.com
- www.lyricsfreak.com
- www.lyricsheaven.net
- www.lyricsprovider.com
- www.top20lyrics.com
- www.top100lyrics.com

Chöre

Du willst in einem Chor singen? Wenn du mit den Begriffen „Chöre" oder „Chor-Links" suchst, findest du verschiedene Seiten mit Links zu Chören, die auf unterschiedlichem Niveau und in zahlreichen Stilrichtungen singen.

Verbände und Vereinigungen

Im Internet findest du auch die Seiten von zahlreichen Verbänden und Vereinigungen. Hier drei Beispiele:

- Deutscher Musikrat, **www.deutscher-musikrat.de**; (0228) 20 91-0
- Deutscher Sängerbund, **www.saengerbund.de**; (0221) 37 12 90
- Verband deutscher Musikschulen, **www.musikschulen.de**; (0228) 95706-0

CDs

Wenn du deine Kenntnisse erweitern willst, kannst du dir die folgenden Alben anhören. Jedes von ihnen ist auf ganz eigene Weise beeindruckend.
- *Global Voices – Traditional, Sacred*, Zeitgenössisch, verschiedene Interpreten (Music of the World, NC, 1998; 3 CD-Box)

- *Voices! Voices! The Mighty Call – Choirs Of The World*, vorgestellt von Joachim-Ernst Berend (Jaro Medien, 1998; 3 CD-Box)
- *MagnifyCathy – The Many Voices Of Cathy Berberian* (Wergo, 1996)
- *Alessandro Moreschi – Der letzte Kastrat* (Opal, 1998)

Etwas übersehen?

Fehlt etwas? Oder kann hier und da noch etwas verbessert werden? Unter rock.pop.jazz@schott-musik.de kannst du Kontakt zu uns aufnehmen.

Das Pocket-Info-Team

Der Journalist und Musiker **Hugo Pinksterboer**, Autor und Herausgeber der *Pocket-Info*-Reihe, hat bereits Hunderte von Interviews, Artikeln, Instrumententests, Video-, CD- und Buchrezensionen für holländische und internationale Musikzeitschriften geschrieben. Er ist der Verfasser eines Standardwerks über Becken (*The Cymbal Book*, Hal Leonard).

Der Grafiker, Designer und Musiker **Gijs Bierenbroodspot** war Art Director bei vielen verschiedenen Zeitschriften und hat zahlreiche Werbekampagnen entwickelt. Bei seiner vergeblichen Suche nach Informationen über Saxophon-Mundstücke kam ihm die Idee zu dieser Buchreihe über Musik und Musikinstrumente. Er ist für das Layout und die Abbildungen in allen Bänden verantwortlich.